後悔しない生き方

人生をより豊かで有意義なものにする30の方法

マーク・マチニック
弓場 隆 訳

No More Regrets!
30 Ways to Greater Happiness and Meaning in Your Life
Marc Muchnick

ディスカヴァー
携書
228

人生は一回きりよ。
でも、思いどおりに生きることができれば、一回で十分だわ。

――メイ・ウエスト（アメリカの女優。一八九三年～一九八〇年）

No More Regrets !
by Marc Muchnick

はじめに

人はみな、後悔したくないと思っている。
だが不幸なことに、過去を振り返ると、次のような言葉が頭に浮かぶという人があまりにも多い。

「愛する人ともっと一緒に過ごせばよかった」
「働きすぎずに、もっと休暇をとって人生を楽しめばよかった」
「自分の本当の気持ちにしたがって生きてみたかった」
「あんなことを言わなければよかった」

さて、あなたはどうだろうか。

親友からの贈り物

この本を記す前に、私は親友をがんで亡くした。まだ四十代の前半で、愛する子どもを残して死んでいった。壮絶な闘病は数年間に及び、激しい闘争心を見せつけられた思いだ。

医師団は当初の診断で余命数カ月と宣告したが、彼はけっしてあきらめず、過酷な抗がん剤治療を受けながら仕事に励み、子どもと一緒に質の高い時間を過ごした。つねに精いっぱい生きて、一日一日を大切にすることのお手本を示したのだ。

亡くなる半年ほど前、彼は私のもとを訪れ、一緒にテラスに座って素晴らしい夏の日を楽しみながら、昔を振り返った。

私が心境を尋ねても答えようとせず、逆に次々と質問してきた。家族でどんな休暇を計画しているか、仕事は順調か、将来の夢は何か、などなど。

そして最後に、「人生で最大の後悔は何か？」と聞いてきた。

「人生で最大の後悔だって？」

私は思わず問い返した。

「そうだよ。もし人生の中でやり直せることがひとつだけあるとしたら、それは何かということさ」

「少し考えさせてほしい」

私はそう言って即答を避け、こう問い返した。

「じゃあ、君にとって人生で最大の後悔は何だい？」

彼の顔に苦々しい表情がよぎるのが見てとれた。気まずい沈黙がしばらく続いたあと、彼は口を開いた。

「ずっと昔、学生時代に付き合っていた女性がいてね。別れるべきではなかったと、今になってつくづく思うよ」

一瞬、彼は話を止めて、さらに続けた。

「最愛の女性だったのに、それから二十三年経つまで気づかなかった。入院中に電話をくれたとき、お互いの心が深くつながっていたことを発見したんだ。ところが大学生のころは、それがわからなかった。あのまま彼女と一緒にいたら、人生がどんなに違っていただろう。でも、もう遅すぎる。それが残念でならないよ。人生は短いと言われる理由が、身に染みてよくわかる。だから、長年の友人である君には、後悔しない生き方をしてほしいと思う。どうか、それを約束してくれ。きっと僕に感謝するよ」

彼は話し終えると私を抱きしめた。その瞬間、彼と一緒に過ごす機会は、これが最後だと直感した。

その日、次の三つのことが、それまで以上によくわかった。

●誰もが何らかの後悔をしながら生きている。
●その後悔は死ぬまでついてまわることがある。
●後悔しない生き方を始めるのに最適な時期は今である。

この気づきは親友から私への贈り物で、あなたにもそれを贈りたい。

後悔しない生き方という目標に向かって歩み始めよう。しかし、それにはまず、後悔とはどういうことか、そもそもなぜ人は後悔するのかを理解する必要がある。

後悔とは何か？

私の定義はこうだ。

後悔とは、すべきでないことをしたことと、すべきことをしなかったことで、どちらも不幸、失意、自責の原因になる。

つまり、後悔とは、自分の振る舞いがもたらすネガティブな感情のことだ。

たとえば、約束を破る、自分の価値観に反する行動をする、具合の悪い選択をする、人を傷つけるといった振る舞いは、すべて何らかの後悔につながる恐れがある。

後悔が自分の振る舞いの結果であることを理解すれば、意思決定に大きな影響を与える。一般に、私たちは時期や経緯、機会、費用、代償、感情、影響などを意思決定の中に組み入れる。

重要なのは、意思決定の基準として次のふたつの質問を自分に投げかけることだ。

●もしそれをすれば（または、しなければ）、後悔することになるか？
●もしそれをすれば（または、しなければ）、後悔を避けることができるか？

このふたつの質問に共通するのは、意思決定の際に「後悔」という要素を考慮に入れることである。

具体的に言うと、もしそれをすれば相手は許してくれるか、もしそれをしなければ後々まで尾を引くことになるか、もしそれを選べば安易な選択になるか、もしそれを言えば仲たがいの原因になるか、もしそれを言わなければ残念な思いをするか、といったことだ。


ここで注意しなければならないのは、**後悔は間違いと同じではない**ということだ。間違いからはさまざまなことを学ぶことができるのだから、間違いを犯したからといってそのたびに後悔する必要はない。実際、人生の最大の教訓のいくつかは、間違いを犯すことによって得られる。

そして、どんな人でも間違いを犯すものだ。しかし、後悔につながるような間違いだけは避けなければならない。

この本の特長

この本で紹介する、人生をより豊かで有意義なものにする三十の方法は、大きく分けると次の五つの基本方針にまとめることができる。

1　自分の思いに素直になる
2　一日一日を大切に生きる
3　現状を打ち破る
4　困難に挑戦する
5　良心にしたがう

たいていの場合、仕事や人間関係をより豊かで有意義なものにするには、たったひ

とつでいいから、ものの見方を変えることだ。

言い換えれば、たったひとつのものの見方が、人生を変えるきっかけになるということだ。

たとえば、八方ふさがりの状況で出口が見つからないとき、その状況に対する新しいものの見方を学べば、窮地を脱して人生の軌道を変えることができる。それまで自分を被害者とみなしていた人でも、自分の中にある大きな力に意識を向けると、勇気がわいてきて心の持ち方を改善することができる。そしてそれは後悔しない生き方につながる。

この本を最大限に活用する方法

各項目を読みながら、そのメッセージが自分にあてはまるかどうか検証してほしい。もしあてはまるなら、次の質問を自分に投げかけよう。

●そのメッセージからどんな知恵が得られるか？
●その知恵を得たことで、やめようと思うことと始めようと思うことは何か？
●それは自分の人生にどんな影響を及ぼすか？

後悔しながら過去を振り返るなどということのないように、新しいものの見方を学ぼう。

後悔しない生き方　もくじ

第2章 一日一日を大切に生きる

第3章　現状を打ち破る

第4章　困難に挑戦する

第5章　良心にしたがう

※本書は、二〇一一年に刊行された『後悔しない生き方』を携書化し、再編集したものです。

第1章　自分の思いに素直になる

ビジョンを実現する

飛行機に乗ったことがある人なら、あらかじめ目的地を決めていたはずだ。何となく飛行機に乗って「どこでもいいから行ってみよう」とは思わなかっただろう。

ところが、人生の目的となるとあやふやになる人が多い。しかし、**明確な目的がわかっていないなら、人生を軌道に乗せることは難しい。**

最初の子どもが生まれたときの私たち夫婦の心境は、まさにそうだった。親になったことでワクワクしていたが、どうやって仕事を維持し、幼い子どもの世話をしながら、夫婦で質の高い時間を共有すればいいかわからなかったのだ。

妻はフルタイムの仕事をしばらく休んで娘の世話をし、私は週の大半を出張先で過ごしていた。

妻は母親になったことを喜んではいたが、自分だけで育児をしていたので孤独を感じ、仕事仲間とも疎遠になっているのが気がかりだったようだ。

私も父親になったことは嬉しかったし、仕事も順調だったが、家を留守にしていることが多くて父親としての責任を果たせていないと感じていた。

これは私たちが思い描いていた人生ではなかった。


ある週末、私の両親が泊まりで赤ん坊の世話をしに来てくれたので、妻は私のトロントへの出張に同行した。私たちは飛行機の中で、人生がまったく違ったものになればいいのにという話をした。

理想の将来像は、私が出張に出かける時間を減らして夫婦でもっと協力しながら子育てをし、家族でひんぱんに旅行をして思いどおりの人生を送るというものだった。

たしかにそれは素晴らしいビジョンだが、理想と現実があまりにもかけ離れていた。

機内でふと妻が「一年間、ヨーロッパで過ごしてみてはどうかしら？　向こうでならビジョンを現実にして家族で楽しい冒険ができると思うわ」と言った。

冗談だと思い、こう答えた。「まだ子どもが生まれたばかりだよ。犬も飼っているし、家と二台の車のローンも残っているから、そんなことをする経済的な余裕なんてないよ」

「たしかに現実は厳しいわ」と妻は答えた。「でも、もしそれらの問題をうまく解決できたらどうする？」

妻が真剣であることはわかった。唐突な提案だったが、私はそれを聞いてワクワクし、経済的な問題を解決できれば、ぜひヨーロッパに行ってみたいと思った。

二人で具体的な計画を練るのは一カ月もかからなかった。ビジョンを実現できない理由ではなく、ビジョンを実現する方法に意識を向けることによって、私たちは画期的なアイデアを思いついた。

期間限定でわが家を賃貸住宅にし、二台の車をまた貸しする契約を結ぶのである。クライアントとは日程を調整して、月に二、三日だけアメリカに戻ってくることにした。幸い、その間はロンドンに留学中の妻の妹が、赤ん坊の世話を引き受けることを申し出てくれた。

私たちはロンドンへの最安値の航空券を買い、親子三人でワクワクする旅に出かけた。

私たち一家はヨーロッパ大陸と中東にも足を延ばし、イタリアやドイツ、ノルウェー、ギリシャ、イスラエル、エジプトなど合計二十カ国以上を旅した。

私たちはビジョンを実現して後悔しない生活を送った。それは忘れられない素晴らしい経験となった。

ビジョンを実現するために外国に行く必要は別にないが、自分の進むべき方向については明確にする必要がある。たとえば、明日はどんなものであってほしいか。そのためにはどうすればいいか、といったことだ。

ビジョンを実現するうえで障害となるものに意識を向けるのではなく、その障害を乗り越えて成功するにはどうすればいいかを考えよう。

現状を変えるための画期的な方法を見つけ、それを実行に移そう。ビジョンを実現して後悔しない生き方を実践しよう。

将来のビジョンを思い描き、それを実現する方法を考えよう。

自分自身に問いかけてみよう

●あなたの将来のビジョンは何か?
●どうすればそのビジョンを実現することができるか?

2 心の声に耳を傾ける

人間は、世の中で起こることを解明しようとする。確率論や科学的考察、物理学の法則、原因と結果の法則、演繹的な推論などの方法を駆使して、物事が起こる理由を考える。

しかし、理屈では説明のつかない現象はいくらでもある。たとえば、なぜ偶然は起こるのか、運とは何なのか、といったことだ。

理屈では説明できないとき、私たちはそれを神秘、謎、奇跡、魔法、運命などと呼んで、それを理解し、何らかの行動を起こそうとする。

言い換えれば、機会がめぐってきたとき、たとえその先がどうなるかわからないときでも、心の声に耳を傾けて、未知の領域へと足を踏み入れるということだ。
もちろん、そうすることによって後悔の原因になることもある。
つまり、こういうことだ。

●もしこの道を歩んで思いどおりにいかなければ、後悔するのではないか。

●もしこの道を歩まなければ、その先が展開せず、人生を変える機会を逃したことを後悔するのではないか。

私が人生を変える機会をつかんだのは、二十三歳のときに友人のバリーと街を散歩していたときだった。混雑していた交差点に差しかかったとき、レッカー車がレストランの前に駐車している車のそばに到着するのを見た。その瞬間、私の目は、車のドアにもたれかかって困惑している女性に釘づけになった。とても清楚で美しい女性だった。

たいへん衝撃的だった。これを一目惚れというのだろう。まだ口も利いたことがないのに、その瞬間、この女性とずっと一緒に人生を送ることになると直感した。この不合理な思いを払いのけようとしたが、「彼女に近づいて声をかけなければ後悔することになる」と心の声がささやいた。と同時に、みっともない行動をして恥をかいたら、それもまた後悔の原因になると考えて、話しかけたくなる衝動を抑えようとした。

しかし、もう遅かった。私は磁石に吸い寄せられるように彼女に近づき、あいさつ程度の簡単な会話を交わしていたのだ。

会話が途切れかけたとき、彼女は自分の口から事情を打ち明けた。車を運転していた女友達がレストランの前に絶好の駐車場所を見つけて大喜びし、そこに車を停めてレストランに駆け込もうとしたとき、エンジンをかけたままうっかりドアをロックしてしまったというのだ。

彼女は明るい表情で事の顚末を話してくれた。わずか五分間ほどの会話の中で、この女性には特別な雰囲気があり、ここで別れたら永久に後悔すると思った。論理的な説明はできないが、心の声が「これは運命の出会いだ」と言っているのが聞こえたのだ。

別れ際に名刺を交換し、それから二、三週間、電話で話をしてお互いをよく知り、二人が出会った場所から少し離れた場所で最初のデートをした。

以来、二十年以上も経過しているのに、いまだに不思議な気持ちであの瞬間を振り返っている。散歩していたときに将来の妻に出会ったのは偶然か運命か、どちらだろうか。何らかの合理的な説明が成り立つのか。通りかかるのが十分早かったり遅かったりしたら、あるいは別の道を通っていたら、彼女には出会わなかったかもしれないし、それはわからない。

わかっているのは、最終的に心の声に耳を傾けてよかったということだけだ。

科学では説明のつかないことが世の中には多々ある。ひとつの出来事をきっかけにその後の人生がどう展開するかを見通せるわけではない。しかし、**偶然のように見える出来事が起こったら、それがどんな意味を持つかということだけでなく、それがどんな道につながるのかを考えてみるのは意義深いことだ**と思う。

人生を変える可能性のある機会を逃して後悔しないために、まだ発見していない可能性に心を開こう。心の声に耳を傾けて、それが自分をどう導くかを見極めよう。

心の声が人生にどう役立つかを検証しよう。

自分自身に問いかけてみよう

- **今までの人生で心の中の声に耳を傾けなかった結果はどうだったか？**
- **今までの人生で心の中の声に耳を傾けてうまくいったことは何か？**

3 心の声にしたがう

子どもにとっても、大人にとっても、社会的プレッシャーは逃れることのできないものだ。

そこで、世間に受け入れてもらうために特定の商品を使い、最新の流行語を使い、特定の行動パターンにしたがわざるを得ないように感じる。あるいは、特定の地域に住み、特定の車種を運転し、社会的に受け入れられる言動をしなければならないと考える。

しかし、社会に適合しようとする試みも程度問題があり、個性を抑圧すると人生を台無しにして後悔する原因になりかねない。

なぜ、私たちはそんなにまでして社会に適合しようとするのか。他の人たちと同じようになることの利点は何なのか。

人生の目標が他者の承認を得ることだけになってしまうと、個性を発揮することができなくなる。

中学一年のときの私がそうだった。未熟で、感受性が強く、道を見失っていた。私にとって大事なのは、仲間と一緒にいて受け入れてもらうことだけだった。だから彼らと同じ言動をし、同じことに興味を示した。違っていると見られるのは、何としてでも避けたかったのだ。

ある日、担任の先生から放課後に居残りをするように言われた。終業のベルが鳴ったとき、恐る恐る先生の机に近づいて、「あのう、何かしましたか？」と不安げに尋ねた。

年配の先生だったが、若々しくて優しい顔をしていた。

「何かをしたのではなく、何かをしていないのがよくないのよ」

意味がよくわからずに首をかしげると、先生はこう説明した。

「あなたの前回の作文を読んでいたとき、『この生徒はいつか本を書けるかもしれない。才能はあるけれど、内に秘めたままになっている』と思ったの。でも、あなたは怖がって才能を発揮していないわ」

私は言葉に詰まり、「それは自分でもよくわかりません」と答えるのがやっとだった。

「そうでしょうね」と先生はほほ笑みながら言い、話を続けた。

「あなたの年齢の生徒はたいていそうだけれど、仲間の輪に入ろうとしすぎるあまり、いつの間にか個性を失ってしまうのよ。自分の個性がわからないなら、自己表現のしようがないわね。あなたは他の人と違う個性的な存在で、自分の思いを言葉にしてわかりやすく表現する才能を持っているのよ。ただ、そのことにまだ気がついていないだけね。放課後に作文クラブの活動をしているので、ぜひ入るといいわ。自分の心の声を見つけるのに役立つはずよ」

私は先生の勧めにしたがい、活動に参加した。どんな活動か見当がつかなかったので、広い部屋に入ったときは少し驚いた。どの生徒も好きな場所にいて、床の上に寝転がっている生徒も何人かいたからだ。しかも、その中の一人は枕を持参していた。

静かな音楽が流れる中で、どの生徒も日記帳に文章を書いていた。先生は私を見て日記帳を手渡し、作文に取りかかるように言った。

「テーマは何ですか？」と私は質問した。

「何を書いてもいいのよ」と先生は答えた。「部屋のどこでもいいから、そこで目を閉じなさい。テーマは自然に思い浮かぶわ」

最初、私は日記帳を手に持って床の上に座り、目を閉じることに抵抗を感じた。もし友達が窓越しにのぞいて、その様子を見たらどう思うか気になったからだ。

「楽にして」と先生は言った。深呼吸をすると気分が落ち着いた。そのときふと、亡くなったジョーおじさんのことが思い浮かんだ。週末、葬儀に参列したばかりだった。私の大好きな人だったので、いなくなってとても寂しかった。

そうだ、そのことについて書こう。突然、ジョーおじさんの思い出が次々とよみがえった。一時間後、部屋を出たとき、最初の作文が書けていた。

それ以来、卒業するまで作文クラブで熱心に活動した。作文を書くことがかっこいいと思う友人はさすがにいなかったが、私にとって文章を書くのはとても楽しかった。

先生は創造的表現の技法を教えてくれた。とくに心に残っているのが、**自分らしさを発見し、個性を発揮する勇気を持てば後悔せずにすむ**ということだ。

「自分の心の声を見つけなさい」という先生の声が今でも聞こえてくる。

集団の中に埋没するのではなく、集団と一線を画そう。自分の隠れた才能を開拓しよう。自分の心の声を見つけて、自分が情熱を感じることを追い求めよう。

個性を抑圧せず、自分らしさを存分に発揮しよう。

自分自身に問いかけてみよう

- **社会的プレッシャーのために集団に埋没していると感じるのはどんなときか?**
- **自分の心の声を見つけるにはどうすればいいか?**

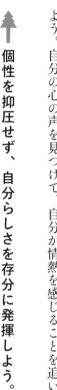

4 正直な気持ちを打ち明ける

娘のジェシカが入園したとき、幼稚園の方針として読書を奨励していることを知った。一定数の本を読めば、年度末の表彰式で特製のTシャツをもらって園長先生と握手できるという特典がついていた。

娘は読書が大好きなので、それを知ってたいへん喜んだ。毎晩、寝る前に一緒に本を読みながら、「ねえ、本をたくさん読んだら、どうなるか知ってる？」と聞いてきた。そして私の答えを待たずに、「園長先生と握手できるのよ。ホントなんだから」と嬉しそうに言うのである。

娘は何度もそう言って期待に胸をふくらませた。その後、年度末の三カ月前に目標を達成して、表彰式を心待ちにした。

当日、娘は「パーティードレスを着て、おしゃれな靴を履いていく」と言った。それほどワクワクしていたのだ。私たち夫婦は早めに出かけて会場のよい席をとり、園長先生と握手する瞬間をカメラに収める準備をした。

まもなく副園長先生が舞台に上がって園児たちにあいさつし、「園長先生は都合で出席できなくなりましたので、私が代わりに握手をします」と言った。その瞬間、会場は静まり返り、娘はわっと泣き出した。受賞者の名前が呼ばれると、娘も列に並んだが、ずっとうつむいたままだった。

その晩、私はよく眠れなかった。娘の気持ちが痛いほどわかったからだ。こうして失望することも人生の現実なのだと教えようと思ったが、そのときは娘に同情するのがやっとだった。

私はこの気持ちを園長先生に伝える必要があると感じた。しかし、そんなことをして何の役に立つだろうとも思った。

もうすんだことだ。娘はこれから何年間かここでお世話になるのだし、クレームをつけているような印象を与えたくなかった。こんなことで大げさに騒ぎ立てたら、ずっと後悔するかもしれない。しかし、何も言わなければ、もっと後悔するのではないか、とも思ったのだ。

思案の末、私は翌日に園長先生と会うことにした。会議中だったが、少し退席して話を聞いてくださった。園長先生は事情を知ってショックを受けた様子だった。園児にとって、自分との握手がそんなに大きな意味を持っているとは思いも寄らなかったようだ。

園長先生はすぐさま遊戯室に行き、私の娘はどこかと尋ねた。「あの大きなリボンをつけている女の子です」と答えると、園長先生は大勢の子どもの中で遊んでいる娘に近づいた。

園長先生は娘の前でひざまずき、「こんにちは、ジェシカ。この一年間、たくさんの本を読んだわね」と言った。娘はそれを聞いて驚いた顔をした。

「昨日は表彰式に出られなくてごめんね。たくさん本を読んだご褒美として、今ここで握手をしましょう」。園長先生はそう言いながら、娘と握手をして、こう続けた。

「これからもいっぱい本を読んでね」。娘があんなに嬉しそうな顔をしているのを見たことがない。


園長先生に事情を聴いてもらったことで、私は自己主張の重要性を再認識した。

自分の心の内を言葉で伝えなくても察してもらえると思ってはいけない。もちろんそういう場合もあるが、究極的に、私たちは言葉を通じてお互いの気持ちを理解し合うのだ。

不信感が心の中に募って後悔することを避けるために、自分の心境を打ち明けよう。

胸のつかえを下ろせば、晴れ晴れとした気持ちになるし、お互いを理解することができる。

自分の気持ちを打ち明けて、相手に事情を知ってもらおう。

自分自身に問いかけてみよう

- 自分の気持ちを言葉でうまく伝えるにはどうすればいいか？
- そうすることの利点と欠点は何か？

5 いちばん大切なことを優先する

人生ではさまざまなことを交互にしなければならない。まるで曲芸のお手玉のようだが、空中に投げるボールが多すぎると落とす恐れがある。

数年前、仕事で遠方に出張していたために、子どもたちの始業式に出席できなかったことがある。それまで毎年、当日の朝、子どもたちと一緒に早起きをして朝食の準備をし、前庭で記念撮影をしていた。かなり前からカレンダーにしるしをつけていたのだが、クライアントとの打ち合わせの日程を変更できなかったのだ。

子育てをしながら働いていると、子どもの特別な行事に必ず出席することは至難のわざである。しかし、私は「どんなことがあっても、始業式には絶対に出席する」と心の中で誓いを立てていた。

それだけに、「今回は出席できない」と子どもたちに伝えるのはたいへんつらかった。そして、子どもたちをがっかりさせたのは残念だったが、それ以上に自分に対する誓いを守れなかったことのほうがもっと残念だった。

どんなに用事が多くても、後悔せずに生きたいなら、いちばん大切なことを優先しなければならない。この経験は私にとって重大な教訓となり、それ以来、家族と質の高い時間を過ごすことをつねに優先してきた。難しいこともあるが、なるべく出張を減らし、地元かインターネットでできる業務に専念している。

さらに、息子と放課後にキャッチボールやサッカーをし、娘のバンドのセッションを見学し、家族で旅行をし、家事を分担するよう配慮している。当然、子どもたちの始業式には必ず出席している。

人はみな自分の価値観を持って生きているが、その価値観と相いれない困難な決定を迫られることがある。

そんなときに自問すべきことは、「いちばん大切なことは何か」ということだ。そうすれば自分の価値観を優先し、本当に大切なことに取り組むことができる。

たとえば、仕事に励むことと家族と一緒に過ごすことはどちらも大切だが、そのふたつが重なり合ったときはどちらを優先するかを考えなければならない。その答えが見つかれば、一方を犠牲にする決定をくだしても、後悔しながら人生を振り返ることはない。

「人生でいちばん大切なことは何か？」といつも自問し、それを優先しよう。

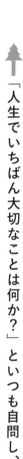

自分自身に問いかけてみよう

●人生の中で、何が最も大切か？

●ある優先事項が他の優先事項と重なったとき、そのジレンマをどう解決するか？

6 幸せを追求する

大好きな場所は誰にでもある。心身ともにエネルギッシュになって幸せを感じる場所のことだ。

自分がその場所にいるかどうかはすぐにわかる。そこにいるだけで最高の気分でいられるように感じるからだ。

二十一歳でサンディエゴを訪れたときの気分がそうだった。気候は完璧で、浜辺は美しく、短パンにサンダル履きというサーファースタイルが普通に受け入れられる大らかな雰囲気だった。そのとき、こんなところに住めたらいいな、と思った。

数年後、私は幸せを追求するためにサンディエゴに戻ってきた。そしてこの地で大学院に通い、結婚し、就職し、友人と素晴らしい時間を過ごした。私たち夫婦は理想の環境を見つけたと感じた。

しかし、それを実感したのは、その後、遠くへ引っ越してからだった。物価の安い土地に引っ越して経済的には楽になったが、やはりサンディエゴがいいと思ったのだ。

引っ越して八年近く経った九月のある晩、私たち夫婦はサンディエゴに戻ることを決意した。あの風光明媚な場所が恋しくて、子育てはそこでしたほうがいいと確信したからだ。

だが、きわめて現実的な問題が立ちはだかった。そこに住むだけの経済的余裕があるかどうか、現地で新しい仕事が見つかるかどうか、今回もかつてと同じくらいその場所が好きになれるかどうか、といったことだ。

それらのことについては確信を持てなかったが、どうしても戻りたいという気持ちが強かった。戻らなければ、きっと後悔することになるだろう、と私たちは思った。

引っ越しの利点と欠点を天秤にかけたあと、翌朝、幸せを追求するためにわが家を売りに出すことに決めた。

ところが、翌日、思ってもみないことが起こった。九月十一日の米国同時多発テロである。大きな変化を起こしている場合ではないと思った。しかし、困惑しながらも自分たちの課題がはっきり見えてきた。幸せを追求するなら、世界が崩壊しつつあるように感じられる今しかない。そこで当初の計画どおり、家の前に「売家」と書いた看板を掲げた。驚いたことに、家は一週間もしないうちに売れた。

一カ月後、私たちは念願かなってサンディエゴに戻ることができた。

幸せを追求するとき、あなたはエネルギッシュに人生を送る決意をしている。だからといって、引っ越す必要はもちろんないが、**幸せになるためには自分の気持ちにしたがわなければならない。**

大切な人との関係を深めることであれ、大好きな職場で働くことであれ、長年の夢をかなえることであれ、幸せになりたいという欲求は、満たす価値のある崇高な目標だ。

幸せを追求しよう。
その結果、世の中がどんなに明るく見えるかを確かめよう。

自分自身に問いかけてみよう

●これからの一カ月間でどんなふうに幸せを追求するか？
●その際にどんな試練が立ちふさがり、それをどう乗り越えるか？

第2章　一日一日を大切に生きる

7 今日という日を充実させる

メラノーマ（悪性黒色腫）と診断されたとき、きっと何かの間違いだと思った。いつも日焼け止めクリームを塗っていたし、肉体的にもすこぶる健康で、病気の兆候をまったく感じなかったからだ。

しかし、医師が診断名を繰り返し、「がんが転移する恐れがあるので緊急手術を受ける必要がある」と言ったとき、私はあまりのショックで呆然とした。

もうすぐ死ぬかもしれないと思うと、突然、いろいろな思い出が走馬灯のように脳裏をよぎり、**「これまで周囲の人たちと良好な関係を保ち、充実した人生を送ってきただろうか」と自分に問うた。**

たとえば、子どもと一緒に遊ぶことを約束していたのに果たさなかったことが何回くらいあるか。妻に愛情と感謝を伝えるのを怠っていたことが何回くらいあるか。親友に連絡をとると誓いながら、用事ができておざなりになったことが何回くらいあるか。仕事を優先して人生を犠牲にしてきたことが何回くらいあるか、などなど。

以上のような後悔にさいなまれながら、私は人生について深く考えた。

翌朝、私は緊急手術を受けるために病院に行って祈った。手術室に搬送されるとき、「手術が成功したら、周囲の人ともっと良好な関係を築いて充実した人生を送ろう」と誓った。そして、これまで経験したような後悔はもうするまいと決意した。

幸い、検査の結果が一週間後に返ってきたとき、がんが転移していなかったことがわかった。私は人生を延長してもらったように感じ、生き方を改める機会に恵まれたことを感謝した。

二、三週間もしないうちに私は進歩し始めた。子どもたちと一緒に過ごす約束を守るようになったし、妻にも感謝の心を素直に表現するようになって、週に一度、夜に「デート」をすることになった。さらに、友人たちとひんぱんに電話で連絡をとるようにし、仕事とプライベートのバランスを心がけた。

以上のことは今でも続けている。おかげで、それまでのような後悔をすることがなくなり、気分がとてもよくなった。

人生は何らかのきっかけで変わることがある。毎日を大切にし、最高の自分になる努力をしよう。現在の自分となりたい自分のギャップを埋めよう。

どんな変化を起こしたいか。何をもっとして、何をもっとしたくないか。何を始めて、何をやめたいか。それらのことについてよく考えて、解決策を実行に移そう。

思いどおりの人生を、今すぐ始めよう。

自分自身に
問いかけて
みよう

●自分の人生をどんなふうに振り返りたいか？
●そのイメージに近づけるために、今日、何をすべきか？

8 新しい日を歓迎する

世の中には二種類の人がいる。朝起きたとき、爽やかな気分で新しい日を歓迎する人と、憂うつな気分で新しい日を忌避《きひ》する人だ。

私の妻は前者の典型で、毎朝、「おはよう。これから素晴らしい一日が始まるわ」と言う。起きたとたん元気はつらつとして、その日の予定をこなす準備ができているのだ。

私が彼女について感心するのは、物事がすべて順調にいくと確信していることだ。新しい日を歓迎すると幸せな気分でエネルギッシュに一日をスタートさせることができるから、一日の終わりに後悔せずにすむと考えているのである。

一方、それとは正反対の人たちもいる。アラームが鳴るとうんざりするタイプだ。こういう人はベッドから起きるのがつらくて、やっと起きると不機嫌な顔をする。こんなことでは生活全体のペースがうまくつかめない。朝の目覚めが悪くて幸先のいいスタートが切れないタイプの人にとって、一日の終わりに後悔しないという目標は日々の課題である。

新しい日を歓迎するかどうかは性格の問題だと主張する人もいるだろう。たしかにそれはある程度正しいが、**新しい日を歓迎するのは習慣の問題でもあるから、工夫次第で誰でもできる。**

そのカギは、自分にとっていちばんうまくいくやり方を見つけ、それを朝の儀式にして習慣化することだ。

新しい日を歓迎する効果的な方法をいくつか紹介しよう。

まず、目覚まし時計の不快な音ではなく、自分の好きな音楽を聴いて起きるようにするのだ。科学技術の進歩のおかげで、これはきわめて簡単にできる。

そして、ベッドの整理整頓をして生産的な気持ちで一日のスタートを切ろう。これは些細なことに思えるかもしれないが、たいへん有効なアイデアだ。

次に、血液の循環をよくするために軽い運動をしよう。その場で五分ほど足を動かしたり、挙手跳躍運動をしたりする程度でもいい。それを実践すれば、すぐに体内にエネルギーが充満することに気づくだろう。

最後に、午前中に燃え尽きないように健康的な朝食をとる必要がある。これも工夫次第で簡単にできることだ。

以上の方法に独自のアイデアを組み合わせて実行すれば、すぐに脳と体が活性化されて、一日の終わりに後悔しないようにすることができる。

毎朝、しかめ面をして目覚めるには人生はあまりにも短い。新しい日を歓迎することは、幸せになるための最も簡単な秘訣だ。

生まれつきの性格を変えるのは難しい面があるが、毎朝、一日のスタートの切り方を変えることは簡単にできる。新しい日を歓迎して、それがどのように人生観を改善するかを体験しよう。

一日をポジティブにスタートして、毎日を有意義に過ごそう。

自分自身に問いかけてみよう

- あなたは新しい日をほほ笑みとしかめ面のどちらで迎えているか？
- 新しい日を迎える方法を改善する具体的な行動は何か？

9 友情を維持する

私たちは人生のある時点で、友情を維持するのが困難になっていることに気づく。多忙な日々を過ごしているうちに、人との付き合いに時間を割く余裕がなくなるからだ。その結果、それまで親しくしていた人と次第に距離ができて、やがて完全に遠ざかる。

つまり、どんなに仲良くしていた人でも、定期的に連絡をとらなければ、友情が立ち消えになって後悔するということだ。

人間関係を維持するためには、時間を割いて定期的に連絡をとらなければならない。それは必ずしもたやすいことではないから、意識的に努力する必要がある。私たちはコミュニケーションの技術を学ばなければならないのだ。

言い換えれば、自分から率先して相手の近況を尋ねるだけでなく、自分の日々の生活ぶりを進んで伝えることである。しかし、お互いにあわただしい日々を送っているので、連絡をとるにも工夫がいる。


友人のダンは昔の仲間と連絡をとるために画期的な方法を実行している。職業は会計士で、料理と旅行が大好きだ。

シカゴで暮らしていたとき、かつてオレゴンで仲良くしていた仲間から電話がかかってきた。旧交を温めるのは楽しかったが、仲間がばらばらに散らばったために、顔を合わせる機会がほとんどなくなったことを残念に思った。とはいえ、自分も仕事が忙しく、家庭の用事もあって、旧友に会いに出かけることができなかった。

しかし、ダンはついに決意した。一カ月間、できるだけ多くの旧友と会うために、全米を旅することにしたのだ。そしてその方法を工夫し、次の四つの段階に分けた。

第一段階　旅行に出かけるのに十分なお金をためると同時に、しばらく有給休暇をとらないようにして一カ月分の休暇をためた

第二段階　数カ月後、たまったお金で中古の安いキャンピングカーを購入した

第三段階　旅行中の家族の食費を抑えるために、一カ月分の野菜スープを冷凍保存した

第四段階　多くの旧友にメールを送り、これからキャンピングカーで全米を旅することを伝えた

全米を回る旅は、彼の家族にとっても、友人たちにとっても素晴らしい経験になった。久しぶりに出会った仲間とのきずなは深まり、いずれ再会する約束をした。後悔のもとになる可能性のあったことが、旧友と定期的に連絡をとる決意をしたことによって喜びの源泉になったのだ。

幸い、旧交を温めるために簡単にできる方法はたくさんある。
相手の誕生日を覚えよう。贈り物をしたり近況を報告したりするのも有効だ。短い挨拶状を書いたりメールを送ったりしてもいい。フェイスブックやその他の交流サイトを利用して、しばらく話していなかった人とつながろう。一緒に伝統行事に参加したり週末旅行に出かけたりしてもいい。電話をかけて話をするのも楽しい。最近の写真を送ろう。同じ町に住んでいるなら、仕事のあとで会ったり、早朝の散歩をしながら話をしたりするといい。毎週、時間帯を決めて一緒に話をしよう。人生のイベントを一緒に祝おう。不意に現れて驚かすのも一案だ。再会の計画を立てよう。

相手と最後に話をしてからどんなに長い年月が経っていても、始めるのに遅すぎることはない。

どんなに親しかった人でも、さまざまな事情で関係が途絶えることがよくある。しかし、それは後悔につながりやすいから、ないがしろにされたと相手が感じないよう配慮しなければならない。

大切な人と定期的に連絡をとり、きずなを深めよう。たとえ顔を合わせる機会がなくても、質の高い時間を共有する方法を模索しよう。友情をはぐくみ、それがどんなに大きな花を開かせるかを楽しみにしよう。

友情を途絶えさせないために、日ごろから意識して連絡をとろう。

自分自身に問いかけてみよう

●どの人との関係をもっと深める必要があるか？
●親しかった人と定期的に連絡をとるためにどうすればいいか？

10

毎日を最大限に生きる

人生に残された時間はかぎられている。どんなに長生きしようとしても、永遠に生きることはできない。人はみな、いずれ死ぬ。いくら頑張っても、この現実を変えることはできない。

過去に戻れればどんなにいいかと夢想しても、私たちは現在に生きる以外にすべはなく、**今この瞬間を最大限に活用する方法を考えなければならない。**浪費した時間は失われた時間であり、すべて後悔の原因になる可能性がある。

私たちが問うべきことは、「自分は時間の中でさまよう放浪者か、発見という使命を遂行する探検家か」ということである。もし答えが後者なら、傍観者ではなく参加者として人生に立ち向かうべきだ。私たちは漠然と日々を送るのではなく、毎日を大切にするために全力を尽くさなければならない。

時間の使い方についても計画的になろう。**無計画に時間を過ごしていると、何も成し遂げることができず、いずれ後悔することになる。**

数年前の夏、祖母が九十一年に及ぶ幸せな生涯を閉じた。

私が知るかぎり、この人ほど毎日を大切にして生きる方法を熟知している人はいなかったように思う。死ぬ間際まで世界中を旅し、政治運動をし、慈善活動にも熱心だった。人生に情熱を燃やし、笑うのが大好きだった。遊び好きで、ユーモアがあり、美しく、愛情に満ち、思いやりがあり、親切だった。遠方のパーティーにも出席して場を盛り上げていた。毎朝、六時になると歌いながら活動を開始し、周囲の人たちに好影響を与えた。来る日も来る日も思う存分に生きていた。

祖母について感心したのは、恐怖感や嫌悪感を交えずに死について率直に話していたことだ。「毎日を大切に生きているから、いつ死んでも後悔しない」と明言していたのが印象に残っている。

祖母は亡くなる一年ほど前に飛行機で大陸を横断し、西海岸にいる私たちのもとを訪ねてくれた。身体は見るからに衰弱していたが、精神的にはしっかりしていた。「気分はどう?」と尋ねたときの答えは、今でも忘れられない。「私のことは心配しなくていいのよ。素晴らしい人生を送ってきたから」と言い、さらにこう続けたのだ。「いっぱい旅行をした。素晴らしい男性とめぐり合って充実した結婚生活を送ることができた。二十二人の素晴らしい孫とひ孫がいるし、その倍くらいの数のめいとおいがいる。健康にも恵まれ、たいへん幸せだった。これ以上何を望むことがあるかしら。楽しい思いをたくさんしたし、やりたいことはすべてやった。だから、私が死んだとき、お願いだから泣かないでほしいの。私の死を悼んで無駄な涙を流さないでね。毎日を精いっぱい生きてきたから、後悔なんてまったくしていないわ」

毎日を大切にすることは、誰にでもできることだ。しかし、それを現実にするには、たんにお題目を唱えているだけではできない。たゆまぬ努力、積極的な生き方、冒険心、行動力が必要になる。

人生は一度きりだ。今日から精いっぱい生きよう。毎日を最大限に生きよう。

すべての日を思い出に残る有意義なものにする方法を見つけよう。
自分が信じる目標や理想を追い求めよう。
行ったことのない場所へ行こう。
愉快な人と付き合おう。
たまにはちょっと贅沢をしよう。
好奇心を持って学び続けよう。

大きな声で笑おう。

人生を最大限に生きるために、毎日を大切にしよう。

自分自身に
問いかけて
みよう

●毎日を大切にするために何をしているか？
●それを現実にする際に、どんな試練に直面するか？

11

素晴らしい瞬間を心に焼きつける

人生は魔法の瞬間であふれているが、そのすべてを写真やビデオに撮れるわけではない。後悔しないためにに特別な経験を保存するひとつの方法は、「瞬間を凍結する」ことである。つまり、**記念すべき瞬間に見る、聞く、感じることをすべて心に焼きつけるのだ。**

凍結すべき瞬間とは、一瞬の美しさ、笑い、歓喜、祝福、神秘、感動、驚異である。たとえその瞬間だけ生きていたとしても、生きていてよかったと思える一瞬のときめきだ。

私にとって凍結すべき瞬間は、初めて太平洋の日没を見たとき、将来の妻に出会ったとき、大学院に進学して祖父にほめられたとき、親友とお腹の皮がよじれるほど笑ったとき、大好きなロックバンドのコンサートを楽しんだときなどである。

さらに、思い出に残っている瞬間には次のようなものがある。タヒチの紺碧の海を眺めたとき、イタリアの都市ベニスを探索して幸せを感じたとき、アローヘッド湖が日没と同時に紫色に染まるのを見たとき、初めて妻に「愛している」と言われたとき、結婚式で永遠の愛を誓い合ったとき、生まれてすぐのわが子を抱いたとき、わが家の愛犬が夜中に掛布団を集めて自分のベッドをつくっているのを見たとき、生涯で唯一のマラソン大会で完走したとき、息子がノーアウト満塁で登板し無失点で抑えて誇らしげな笑みを浮かべたとき、娘が就寝前に「おやすみなさい」と言って幼子に戻るとき。

記憶に頼ったり、カメラやビデオで撮ったりする以外にも、瞬間を凍結する方法はいくつもある。
たとえば、その瞬間を詳細に日記に書きとめたり、それについて誰かにくわしく話したりするのでもいい。あるいは、それをメールに書いて友人に送ってもいいし、交流サイトを使って仲間の輪を広げてもいい。さらに、特別な瞬間を記念するためのお祝いをするのも一案だ。

人生の素晴らしい瞬間を心に焼きつける努力をすれば、それを忘れて後悔することはない。記憶を永久に保存することによって、それを何度も心の中で再生することができる。時計の針を元に戻すことはできないが、瞬間を凍結することを覚えれば、人生の最高の瞬間をいつでも思い出すことができる。

人生の最高の瞬間を心に焼きつけて、何度でも楽しもう。

自分自身に
問いかけて
みよう

●人生の中で凍結すべき素晴らしい瞬間は何か？
●なぜそれはそんなに思い出に残っているのか？

12 モノにしがみつかない

私たち現代人はモノにしがみついて暮らしている。携帯電話やパソコン、ミュージックプレーヤー、ハイビジョンテレビなどを手放さなければならないとしたら、どう感じるか想像してみよう。

認めたくないかもしれないが、私たちの幸せはハイテク機械という便利な所有物と結びついているのが現状だ。実際、**あまりにもモノに執着しているので、モノとの関係を整理してバランスのとれた見方をする必要がある。**

数年前、私たち一家は早朝に自宅から避難することを余儀なくされた。周辺の地域で野火《のび》がどんどん拡大し、風の勢いがますます強まったからだ。重要な所有物を大急ぎでカバンに詰めていると、空から灰が降ってきて裏庭一面を覆った。

そのとき、重要な所有物をすべて収納するスペースが車の中にないことに気づいた。十五分くらいしか時間がなく、荷物を積むスペースがかぎられている状況で、何を持って逃げればいいのだろうか。

私たちはまずノートパソコンを積み、さらにパスポートなどの重要書類をかき集めた。次に結婚アルバム、子どもが赤ちゃんのころの写真、家族の写真を入れた。最後に数日分の衣服を詰めた。

これで車の中はいっぱいで、もう時間はなくなりかけていた。水の入った数本のペットボトルと愛犬の食料を放り込み、急いでその場を立ち去った。

気が動転していてわけがわからなかったが、一時間ほど車を運転して火災が及ばない場所にまで来たとき、自分たちが置かれている状況を考える余裕ができた。少し前まで所有物をできるだけたくさん車に詰め込もうと必死だったが、家族が難を逃れて安全な場所で一緒にいられるだけで幸せだと気づいた。

ほんの少しの間に私たちの所有物は取るに足らないものになっていたのだ。

数日後、当局から許可が下りて帰宅したとき、現場は惨憺《さんたん》たるありさまだった。見渡すかぎり荒廃していて、黒煙が辺り一面にたち込めていた。幸い、近所とその周辺の家屋はまだ立っていた。わが家はすすで覆われていたが、建物そのものは損傷していなかった。だが、他の地域はそんなに幸運ではなかったようだ。

その夜、家が全焼した友人と話をした。驚いたことに、彼は冷静さを保ち、私が避難していたときに考えていたことを言葉で的確に表現した。

「この数年間、私たち一家は素晴らしい時間を過ごしてきた。子どもたちを育て、多くの祝日とイベントを一緒に祝った。家を失ったことはとても悲しいが、一緒に過ごした思い出はいつまでも心の中で大切にしていくつもりだ。火災ですら、その思い出を消し去ることはできない」

よく考えてみると、私たちが重要だと思っているモノの大半は、本当はそれほど重要ではないのかもしれない。実際、それはすべて、たんなる物体である。しかし、それにしがみつくあまり、それなしでは生きていけないと思い込んでいるだけなのだ。

私たちの究極の幸せは、どんなに多くの所有物をため込んだかではなく、どんな生き方をしてきたかによって測られる。

人生で大切なことを見失ってはいけない。心の目を開いてバランスのとれた見方をしよう。

ため込んだ所有物の数ではなく、
どんな生き方をしてきたかを重視しよう。

自分自身に
問いかけて
みよう

●絶対になければならないと思う所有物とは何か？
●もしそれがなければ人生はどうなるだろうか？

第3章　現状を打ち破る

13
うまくいっていないことをやめる

新婚当時、私たち夫婦は行き詰まっていた。夢も希望もない仕事に明け暮れ、毎月の家計をやりくりしていた。

夫婦生活は円満だったが、どちらも仕事がうまくいっていなかったのだ。二人の分を合わせて数万ドルの学生ローンの返済に追われる日々が続いた。

しばらくして、双方の職場に近くて家賃の安い町に引っ越したが、友人たちと離れ離れになり、大好きなサンディエゴの沿岸部から遠ざかることになった。夫婦でどんなに協力しても、状況はなかなか好転しなかった。

昼間の仕事の収入を補うために、私は大学の夜間部で教えることにした。さらに、二人で地元のフリーマーケットに参加してギフト商品の販売を行なった。あまり向いていなかったように思うが、妻は装飾のデザインがうまく、私は対面販売が人並みにできた。

週末、二人で商品を梱包し、展示用のケースと折りたたみのテーブルセットを小型車の後ろに詰め込み、会場に着くと小さなブースに商品を陳列した。たいへん骨の折れる作業で、苦労して働いている割には実入りが少なかった。

季節はずれの暑さだった土曜日、フリーマーケットの会場のアスファルトの上で八時間ほど働いたあと、もうこんな生活はこりごりだと思った。貧しいだけでなく、ストレスがたまって、みじめな気持ちでいっぱいだったからだ。

本職の仕事に加えてアルバイトにも精を出しているのに、いっこうに道が開けないことにがっかりしていた。結局、このやり方はうまくいっていなかったのだ。

その晩、二人でじっくり話し合ったあと、抜本的な変化を起こす必要があることで意見が一致した。そこで地図を取り出して、生活費がさらに安い場所に引っ越すことに決めた。サンディエゴを離れるのはつらかったが、いつか戻ってこられると確信していた。

いざ新しい土地で生活を始めると、信じられないような解放感が得られた。二人ともそれまでの職場を退職し、フリーマーケットでのアルバイトもやめて、仕事とプライベートの新しい目標を考えていると、将来に対してワクワクした。

すぐにはっきりしたのは、**うまくいっていないことをやめると、創造的で生産的なエネルギーがわいてきて後悔から解放される**ということだった。

引っ越してから一年後、私たちは経済状態を立て直して、新しい仕事の目標に向かって邁進《まいしん》した。私は最初の本を書き始めるかたわらコンサルティング業務を開始し、妻は子ども向けの非営利事業の運営で忙しくなった。

翌年、私たちはついに念願のマイホームを手に入れ、まもなく第一子を授かった。途中でさまざまな障害に遭遇したが、以前より幸せを感じ、自分たちの人生を切り開いていることが嬉しかった。

この経験を通じて発見したのは、今までずっとしてきたことを続けているかぎり、人生は変わらないということだ。

好ましくない人間関係であれ、自分に合わない仕事であれ、出口が見えない状況であれ、現状を打破する勇気を持とう。今のままでいることによる後悔から自分を解放し、新しい方向に一歩を踏み出そう。

うまくいっていないことをやめて、人生を変えよう。

自分自身に
問いかけて
みよう

●現在、人生でうまくいっていないことは何か？
●もしそれをやめれば、どんな変化につながるか？

14

何から始めるかを選択する

年が明けるたびに、人びとは「新年の抱負」という恒例の行事に取り組む。紙に書きとめる人もいれば、頭の中で記憶するだけの人もいる。ただし、やろうと思うだけで、実行をいつまでも延期する人が少なくない。いずれにしろ、誰もが新しい年に達成したい目標を考える。

たとえば、体重を落としてスリムになる、もっとお金を稼ぐ、転職する、新しい友人をつくる、仕事とプライベートのバランスをとる、古い写真をスクラップブックに入れる、健康的な食生活を実践する、長期休暇をとる、もっと運動する、大切なことを先延ばしにしない、などなど。

しかし、**多くの人にとってこうした「to-doリスト」の最大の問題は、項目をたくさん掲げすぎることだ。**その結果、それらをすべて達成することは不可能に近いという厳しい現実に直面する。一度に多くのことをしようとすると力が分散して、どの項目も達成できずに後悔することになる。

また、リストの項目をすべて達成する方法を考えるのに時間をかけているうちに身動きがとれなくなり、ほとんど何も達成できなくなる。そしてそれもまた後悔の原因になる。

では、どこから始めればいいのか？

数年前、ある男性が「人生を好転させる方法を教えてほしい」と相談を持ちかけてきた。目標に向かって邁進《まいしん》するために、日々の課題をてきぱきと片づけていきたいというのだ。

どんな課題でも成し遂げるという自信家だが、最近はどうも仕事がはかどっていない様子だった。

一例として、毎日、百通を超えるメールを受信していたが、優先順位が高い十通ほどのメールを開いて読むだけだった。残りは未開封のまま月末までため込み、翌月の最初の日に数千通の未読メールを一気に処理して、幸先のいいスタートを切っているという幻想に浸っていたのだ。しかし、こんなやり方では問題が解決するどころか、状況が悪化する一方だった。

それだけでなく、彼は新規のベンチャー事業を育成しながら、退職した二人分の仕事を抱え込んでバタバタしていた。さらに、出席しなければならない会議がいくつもあり、大事な作業の時間を奪っていた。

おまけに、毎晩、職場で片づけられなかった仕事を家に持ち帰って処理していたので、家族と過ごす貴重な時間が少なくなっていた。ストレスで疲れ果ててフラストレーションがたまっていたのは当然だ。

私の助言は「何から始めるかを選択する」というごく単純なものだった。

そこで彼にこう言った。

「あなたのto-doリストの中で、やり遂げなければ後悔のもとになる項目をひとつ選んでください」

「では、残りの項目はどうするのですか?」と彼は尋ねた。

「残りの項目を忘れるようなことはないでしょう」と私は答えた。「しばらくの間、最も集中しなければならないことを見つけるだけです。現時点での問題は、リストの項目が多すぎて、どこから始めていいかわかっていないことです」

彼は私のアドバイスに完全に納得したわけではなかったが、受信メールの処理から実行に移すことにした。当初の目標は、週に二回、一時間ずつメール処理をして一カ月にたまる未読メールを半分に減らすことだった。ところが、いざやってみると、最初の一カ月で未読メールを七〇パーセント減らし、翌月には八五パーセントも減らすことができた。

受信メールの処理が効率的にできるようになったので、リストの次の項目により多くの時間をかけられるようになった。こうしてまもなく、いつもバタバタして課題を終えられずに後悔するパターンから自分を解放することができた。

多くのことを下手にするより、ひとつのことを上手にするほうがいい。to-doリストに取り組むときは、全項目を一気に片づけようとしてはいけない。リストのどの項目が最も満足感を与え、投資した時間に対する見返りを最大にするかを考えよう。

最も優先順位の高いものを選び、そこから始めよう。

自分自身に問いかけてみよう

●あなたの現在のto-doリストはどんな状況か?
●出発点を選ぶとすると、どの項目を選ぶか、そしてその理由は何か?

15

過去のことを悩まない

息子のブレイクはハリケーンのさなかに生まれた。妻の分娩中に嵐が通過したときの状況は混沌としか表現できない。病院は洪水と停電のために予備の発電機に切り替え、私たちがいるフロア以外の人はすべて避難していた。妻が無痛分娩を希望したので、看護師たちは麻酔の準備をしていた。

陣痛が始まったとき、医師が「赤ちゃんの首にへその緒が巻きついています」と言った。処置をしている医師の顔に狼狽している様子が見てとれた。医師は「大丈夫です。心配はいりません」と言って私たちを安心させたが、息子は真っ青な顔をして生まれてきた。

私が覚えているのは、「この赤ちゃんに呼吸をさせてください」と神様に祈ったことだけである。赤ちゃんが呼吸するのを聞いたときほど幸せを感じたことはない。その瞬間、息子が命がけの戦いに挑んでいることを確信した。

ただ、一方で、出生時のトラブルが息子にどんな影響を与えるのか気になって仕方がなかった。いつか呼吸が停止するのではないか、こんな状態で普通に成長するだろうか。そんなふうに考えたくはなかったが、今後の見通しについて私はひどく心配した。

息子は幼児期に入って肉体的、知能的、社会的に順調な発達を遂げていた。しかし、それにもかかわらず、私は心配し続けた。

健康に育っているのに**さまざまな心配の種を探していた**のだ。たとえば、慢性の湿疹のために出血するまで皮膚を掻くこと、重度の木の実アレルギーのために救急車で病院に駆け込んだこと、気管支炎にかかることがたいへん多いこと、ぜんそくを患っているので呼吸処置をしたこと、などなど。

正しいかどうかは別として、私は以上のことが出生時のトラブルと関係していると考えた。さらに、理屈ではおかしいとわかっていたが、自分にも責任の一端があるという思いにさいなまれた。へその緒が首に巻きつくのを未然に防止するために何かができたのではないか、妻をハリケーンの直撃を受けない別の病院に搬送すべきではなかったか、といったことだ。

当時の状況を心の中で再現するたびに、私は後悔にさいなまれた。

息子が五歳になる少し前、私たち一家はオレゴン州ポートランドを旅行し、有名な野外マーケットを訪れた。現地に着くと綿菓子コーナーに連れて行こうとしたが、息子は占いコーナーで手相を見てほしいとせがんだ。占い師が息子の健康について不吉なことを言うのではないかと思って気が進まなかったが、いやいや要求にしたがった。

占いが終わると、息子は私を呼んだ。驚いたことに、息子は満面の笑みを浮かべていた。私が料金を支払うために占い師の前に歩み寄って財布を取り出そうとすると、その女性占い師は私の腕をつかみ、目を見ながらこう言ったのである。

「息子さんの健康を心配する必要はもうありませんよ。息子さんの身に起こったことはずっと前のことです。息子さんはすくすくと育ちます。もう大丈夫です」

私はびっくりして声が出なかった。どうしてこの占い師は私の秘密を知っているのだろうか。息子が健康に育つことがなぜわかるのだろうか。とても不思議だったが、私は占い師の言葉を信じた。

私は大きな安堵感を得て、雑踏の中で泣き崩れた。もう後悔にとらわれずに晴れ晴れとした気持ちで生きていけるという喜びでいっぱいだった。

後悔は強い力で私たちを縛りつける。だから、その呪縛から自分を解放する方法を学ぶ必要がある。息子がハリケーンのさなかに生まれたのは、どんな嵐も乗り越える力を持っているという証しだ。息子は健康で、利口で、人なつっこく、ユーモアがあり、勇敢で、運動能力が高く、たくましい。息子の出生にまつわる感情的なしこりを解き放ったことで、後悔にさいなまれることはなくなった。
完全でなくてもいいと思えば気持ちがぐっと楽になる。すんだことにいつまでも固執して自分を打ちのめしてはいけない。楽天的な気持ちになって、過去の呪縛から自分を解き放とう。

過去の出来事を引きずらず、前を向いて明るい気持ちで生きていこう。

自分自身に問いかけてみよう

●過去のどの出来事が心の葛藤の原因になっているか?
●どうやってそれと折り合いをつければいいか?

16

逆境を機会に変える

人生は時おり試練を与えて意志の力を試し、後悔にさいなまれるかどうかを調べる。

パラリンピックのバレーボール選手ロイド・バクラックはそれをよく知っている。ロイドが生まれたとき、先天性の骨の異常で下肢がたいへん小さいために、医師団は両親に息子を施設に入れることを勧めた。両親が息子を家に連れて帰ると主張したとき、医師団は「そんなことをすれば、普通の生活を送ることができなくなりますよ」と警告した。だが、両親は「息子は何とか道を切り開きますから大丈夫です」と答えた。

両親は息子をけっして甘やかさず、自分で身の回りのことをするよう励ました。医師団が驚いたのは、少年が両足を使わずに這って移動する方法を覚えたことだ。積極的にどんどん動き回るようになり、学齢期に達すると普通の公立学校に入った。

ロイドの信条は、**自分の運命に対して絶対に後悔しない**ことだ。「初めからなかったものを悔やむことはできない」と彼は言う。「何が欠けているかは問題ではない。目標を達成するために自分にあるものを使えばいい」という積極的な姿勢が、彼のモットーである。

ロイドの目標のひとつは、一流のアスリートになることだった。そこで、水泳に励んで上半身の筋力を強化し、野球の技術を磨いた。普通に走ることはできないが、両足を引きずりながら両手を使ってベース間を俊敏に駆け回った。さらに体操にも挑戦して優秀な成績を収め、高校三年のときに州のトーナメントで五位に入賞した。

「どうやって健常者と競い合うことができたのか」と問われ、「自分には他人と違う能力があると確信しているからだ」と答えている。

彼のアスリートとしての頂点は、一九九六年のアトランタ・パラリンピックでシッティング・バレーボールのメンバーとしてプレーしたことだ。現在、彼は結婚して二人の娘を持つ父親で、学校や施設を回って講演活動をしている。


ロイドの驚異的な生きざまは、「絶対に後悔しない」という積極的な姿勢と逆境を機会に変える粘り強さを物語っている。障害を抱えていることを後悔するのではなく、誰もができないと思っていたことを成し遂げる発奮材料にしているのだ。

彼の勇猛果敢な生き方は、障害を持っていない人にも励みになる。人はみな、自分が不利な状況に立たされていると感じることがある。たとえば、多くの応募者と職を求めて競争するとき、学校で不得意分野の授業を受けるとき、自分より優れた技能を持っている相手とスポーツの試合で対戦するとき、などなど。

そんなときに**あなたは、自分が不利だという現実に屈して後悔するか、自分の強みを生かす創造的な方法を探し求めるか、どちらを選ぶだろうか？**

今度、逆境に直面したら、それを機会に変える方法を考えてみよう。失敗の可能性ではなく成功の可能性を探ろう。

逆境を機会に変えるという気概を持って、試練に立ち向かおう。

自分自身に問いかけてみよう

- ●他人と比べて不利だと思う分野は何か？
- ●それを機会に変えるにはどうすればいいか？

17

被害者意識を持たない

中学二年で少年団に入ったとき、最初に体験した活動は「哀れみのゲーム」だった。リーダーによると、ほとんどの人がこのゲームのやり方を熟知し、困難に直面すると熱が入るという。このゲームに興じると、人びとは自分の状況にほとんど責任を持たなくなり、後悔していることについて不平を言い、まるで被害者のように振る舞う。

たとえば、当然もらえるはずのものがもらえない、物事がうまくいかない、いつも損ばかりさせられている、運に恵まれずに不遇をかこっている、などなど。

リーダーはこのメンタリティーを「被害者意識」と呼び、本当の被害者とはっきり区別した。そして、彼はこう断言した。

「こういう人は自分を被害者とみなしているが、本当は自分の状況を変える能力を持っている。ところが、どういうわけかそれができないと思い込んでしまっているのが実情だ」

次に彼はメンバーたちに「自分はなんてかわいそうなんだ」と感情を込めて不平を言う練習をさせた。そうすることで、この「病気」にかかっている人が周囲の人にとってどれだけうっとうしいかを理解させようとしたのだ。

さらに、被害者意識を持つ子どもがよく口にする不平の具体例を紹介した。

「親が悪いから、こんなことになってしまった」

「先生の教え方が悪いから、テストで悪い点をとった」

「コーチの指導が悪いから、試合で活躍できなかった」

そしてそのセリフを言ったあとで、「自分はなんてかわいそうなんだ」と嘆かせるのだ。この奇抜な練習はたいへん印象的で、今でもはっきり覚えている。

その後、子どもだけでなく大人も哀れみのゲームに興じる傾向があることに気づいた。**被害者意識を持つ大人は、自分が損な役回りを演じさせられていると感じ、絶えず不平を言う癖がついている。**

よくある不平として、「こんなに頑張って働いているのに認めてもらえない」「こんな状況では生計を立てることはできない」「ほかの人たちはみんな楽しそうに暮らしているのに、自分だけ不幸だ」「どの人からもばかにされている」などがある。

こういう人は自分を哀れむ気持ちでいっぱいで、後悔しながら生きている。自分が被害者だという気持ちが強すぎて身動きがとれず、人生を積極的に切り開こうとしない。おまけに、こういう人は一緒にいても全然楽しくない。

では、どうすれば被害者意識を捨てることができるのか。

その出発点として、人はみな、自分が直面している状況への対応の仕方を変える力を持っていることに気づかなければならない。

たとえば、今日うまくいかないことがあった、仕事に不満を感じている、人間関係の問題を抱えている、目標が達成できそうにない、といった状況をどう処理するかは、完全に自分次第である。その原因の外的な要素ではなく内的な要素を探そう。他の人を責めたり、勝手な言い訳をしたり、無力な人物を演じたりしてはいけない。

自分が不平を言っていることに気づいたら、すぐにやめよう。自分の状況に責任を持ち、適切な解決策を考えよう。それを実行すれば、やがて道が開けてくるから、後悔する必要がなくなる。

自分を被害者とみなすのではなく、解決策を考えて実行しよう。

自分自身に
問いかけて
みよう

●自分が被害者意識を持っていると感じるのはどんなときか？
●そういう気持ちにならないようにするにはどうすればいいか？

18 有害な人を避ける

私たちの周囲には、用心しないと他人の気力を奪い取ってしまう人たちがいる。彼らはすぐに他人をけなして悪口を言う。さらに、他人が弱っているときにこき下ろして喜びを感じる。精神的に不安定で、自分より困っている人を見ると気持ちが落ち着く不幸な人たちだ。

あなたはそういう有害な人を避ける必要がある。なぜなら、彼らは後悔の塊で、ネガティブなエネルギーを周囲にまき散らしているからだ。

そんな連中を相手にせず、自分を信じてくれるポジティブで友好的な人たちと付き合おう。彼らはつねに楽天的で、明るい未来を信じている。優しい笑みを浮かべ、大らかな気持ちで生き、いつも支えてくれる。うまくいっていないときでも、彼らはあなたの潜在能力を見抜いて励ましてくれる。試練に立たされているときは自信を与えてくれる。行き詰まって落ち込んでいるときは元気を与えてくれる。迷っているときは背中を押して勇気を与えてくれる。

私が若いころに働いていた大企業の人事部長は、残念ながらポジティブな人物ではなかった。それどころか、社員たちの間では「悪魔のウェンディ」と恐れられ、毒舌と気性の激しさで知られていた。

彼女は人前でも平気で部下に恥をかかせ、別れた瞬間に部下の陰口を言うことに快感を覚えるタイプだった。人事部長という権力をことあるごとに乱用していたのだ。

仕事ぶりを査定しては怒鳴り散らすので、部下が泣いて立ち去ることもまれではなかった。二カ月に一回のペースで新しい秘書がやってきたが、そのうちの二人は毎日のように辛らつな言葉を浴びせられ、心労でダウンしてしまった。

私が退職願を出したとき、社長に理由を聞かれて単刀直入に答えた。

「一日でも長くここにいると後悔すると思ったからです。あのような人物を人事部長にしているかぎり、これからもっと多くの人が辞めていくことでしょう。あんな対応をされるのは誰にとっても迷惑です。悲しいことに、この会社では最悪の人物が人事を担当しているのが現状です」

それから二、三カ月して元同僚から電話があり、ウェンディは社内の倫理委員会にかけられて解雇されたとのことだった。たしかにそれは妥当な措置だが、彼女は人びとの心に拭い去ることのできない被害を及ぼした。

有害な人と一緒に過ごすと、何らかの弊害が生じて後悔のもとになる。そういう人とのかかわりを避けるために、なるべく近寄らないようにすべきだ。

これからはポジティブな人とかかわろう。そういう人と一緒にいれば、自信と勇気と元気がわいてくるし、楽天的で幸せな気分になることができる。

最高の資質を引き出してくれるポジティブな人と付き合おう。

自分自身に
問いかけて
みよう

●あなたの周囲の有害な人は誰か?
●その人といると、どんな気分になるか?

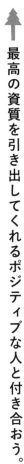

第4章　困難に挑戦する

19

とにかくやってみる

私たちは子どものころから、「勝つことが重要だ」と教えられて育った。しかしその結果、自分にプレッシャーをかけすぎて、失敗の恐怖におびえることがよくある。

たとえば、就職の面接を経験したことがあるなら、こんな思いが心に浮かんだだろう。

「嫌われたらどうしよう」「ヘマをしたらみっともない」「もっといい候補者がいたら相手にしてもらえなくなる」「他の人が選ばれたら自分がみじめになる」と。

恐怖や疑念に取りつかれると、おじけづいて萎縮してしまいやすい。失敗するかもしれないことに不安を抱き、何もしようとしないことすらある。つまり、リスクをとらなければ、失敗せずにすむという理屈だ。

たしかにそれも一理あるが、その逆もまた真理である。つまり、**リスクをとれば、成功するチャンスがある**ということだ。

リトルリーグに入って三年目のとき、コーチだった父から「今度、ピッチャーをやってみないか」と言われた。

「えっ、実戦で投げろって言うの？」

「そうだよ。実戦で投げるんだ」

「でもピッチャーなんてやったことがないよ」

「それはそうだが、これは実戦で経験を積む素晴らしい機会だ。教えてやるから、コツがつかめるまで一緒に練習しよう」

私は内心びびっていたが、「面白そうだね」と言った。

それから数週間、父からピッチングの手ほどきを受けた。私が心の中で抱いていた恐怖を和らげようとして、父は「最悪のことは何だと思う?」と質問した。

私は少し考えて、「ホームランをいっぱい打たれてボロ負けすること」と答えた。

父は「それが最悪のことだというのなら、たいしたことはない。やってみなければ、どれだけうまくいくかわからないだろう」と言った。

なるほどと思ったが、なかなか自信を持てなかった。

試合当日、私はすっかり緊張していた。心の中では投げたいと思っていたが、頭の中では大失態を演じている姿が何度も思い浮かんだ。

球場に向かう車中で、「ちょっと気分が悪いから車を止めてほしい」と言った。父は道路わきに車を止めて一緒に降りた。私は新鮮な空気を吸った。

気分が少しよくなったのを見て、父は「リトルリーグの一年目に打撃練習をしたときのことを覚えているか?」と尋ねた。

「さあ、どうかなあ」

「しばらく打席に入ろうとしなかったな。ヒットを打ちたいという気持ちはあったのに、三振するのを恐れていたからだよ」

私はそれを聞いて、当時の記憶がよみがえってきた。

「今、思い出したよ。父さんは『とにかく打席に立て』と言っていたね」

「そうさ」と父は言った。そして二人で声を合わせて「打席に立たなければヒットは打てない」と笑いながら言った。すると父は「今度は、投げなければ打ちとれない、ということさ」と言った。

そのとおりだ、と思った。**どんな場合でも、やってみなければ、うまくできるかどうかわからない。**

結局、その日の試合は負けたが、何度か三振を奪うことができた。それ以降、ずっとピッチャーを務めた。中学に入ると野球をやめたが、当時の経験はたいへん有益で、大きな自信につながった。

失敗のリスクを避けるのではなく、成功する可能性に賭ける習慣を身につけよう。

自分を信じ、能力を信頼しよう。

やってみて、どんな結果になるかを自分の目で確かめよう。どんな結果になろうと、勇気を出して挑戦したことを後悔する必要はけっしてない。

思い切ってやってみれば成功したかもしれない、という後悔を未然に防止しよう。

自分自身に問いかけてみよう

●失敗が怖くて避けていることは何か?

●もし失敗したら、起こりうる最悪の事態は何か?

20 自分を信頼する

人はみな、思っている以上に大きなことを成し遂げる力を持っている。困難な時期を乗り越えるにしろ、締め切りまでに課題をやり遂げるにしろ、何でもそうだ。

一生懸命に取り組んで、心の中で設定していた限界を超えることによって、不可能だと思っていたことを成し遂げることができる。しかし、もし自分を信頼しないなら、試練から逃げて潜在能力を存分に発揮せずにあきらめることになり、後悔の原因になる可能性がある。

最終的に後悔しないかどうかは、自分を心から信じ、自分を徹底的に試せるかどうかにかかっている。

実例を紹介しよう。

数年前、私はマラソン大会で完走するという途方もない目標を掲げた。途方もないと表現する理由は、自分が長距離走にまったく向いていないからである。

正直なところ、走ることが大の苦手で、二、三週間に一度のペースで二キロほど走ったことがある程度だ。こんな私が大会の三カ月前に気まぐれで出場登録をし、四十二・一九五キロを完走するという目標を掲げたのは狂気の沙汰といっても過言ではない。

練習計画は「今よりもたくさん走る」というごく単純なものだった。一週目は一日おきに短距離走を繰り返し、週末にスタミナをつけるために十キロという長距離に挑戦したが、七キロの地点で死ぬかと思うほど苦しくなった。翌日から数日間、体中が痛くて、ほとんど歩けない状態だったので、練習をやめて大会出場を断念した。

その後、大会の前夜までマラソンのことを考えなかった。しかし、夜遅く友人たちと出かけて、「明日のマラソン大会には登録はしたが、参加するつもりはない」と冗談交じりに話しているうちに、目標を掲げておきながら自信がないのであきらめたことに後ろめたさを感じた。それが心に重くのしかかったまま、その晩、眠りについた。

翌朝、目覚ましをかけずに五時半に目を覚ました。暗い中で横になりながら、早い時間に目が覚めたのを不思議に思っていたとき、ふたつの疑問が脳裏をよぎった。

このままおすっぽかしたら後悔するのではないか、かといって出場したら完走できるだろうか、というものだった。

練習をしていなかったので体調は万全ではなく、しかも夜更かししていたので完走できる自信はあまりなかった。しかし突然、勇気を出して走ってみようという気になった。そこでジョギングシューズを履き、Tシャツを着て会場まで直行した。

すごい目標に挑戦していることにワクワクして、何とか折り返し地点にまでたどり着いた。ところが、そのあとすぐに限界に達した。亀の歩みのようなスローペースはさらに遅くなり、早歩きをしていた高齢の女性に追い抜かれたのだ。その時点で、ここでリタイアして完走しなかったことを後悔するか、精神力を発揮して走り続けるか、どちらかを選ぼうと思った。

お腹が痛くなり、息が切れてふらふらだったが、ここで走り続けなければ後悔すると自分に言い聞かせ、元気を振り絞って少しでも速く足を前に動かした。結局、完走するのに大会平均の倍の六時間十三分もかかったが、最後まで走り抜くという目標を達成することができた。

ろくに練習もせずにいきなりマラソン大会に参加するのは利口な態度ではない。しかし、私にとってこの経験は、自分を信頼すれば何でもできるという証しになった。持っている力を十分に発揮しないこと、早々とあきらめること、自分を見くびることなど、後悔の原因になることが避けられることもわかった。

大きな困難に直面したら、心の中で抱いている限界や恐怖を乗り越える能力を持っていることを思い出そう。自分を信頼し、内面の強さを発揮しよう。

自分をとことん信頼し、不可能だと思えることを達成しよう。

自分自身に問いかけてみよう

- 今、直面している大きな試練や困難な状況は何か？
- それを乗り越えるうえで、自分を信頼することがどう役立つか？

21

心の中の恐怖と向き合う

ほとんどの人は自分や他の人を居心地の悪い状況に置くことにためらいを感じる。ところが、それで生計を立てている変わり種がいる。

ティム・ハグストロムの仕事は、人びとを約十メートルの高さからロープで吊るし、恐怖心の克服を手伝うことだ。これは能力開発の訓練で、人を「安全地帯」の外に連れ出してポジティブな変化を起こさせるのを目的にしている。

ティムによると、**慣れ親しんだ環境で今までと同じことを続けていても人間的成長がなく、後悔の原因になるだけだ**という。安全地帯にとどまるかぎり、成長して潜在能力を存分に発揮することは望めない。安全地帯を抜け出さないなら、リスク回避型の人間になって自己満足と倦怠感につながる恐れがある。

あなたは安全地帯を抜け出すことに恐怖を感じるかもしれない。しかし、**恐怖と正面から向き合うことは、自分をよく知り、成長を遂げ、行動の変化を促すための唯一の方法だ、**とティムは主張する。


では、彼は参加者にどんなことをさせているのだろうか。

約十メートルの柱によじ登っている自分の姿を想像しよう。柱の上に到達したら、ゆっくりと上体を起こして柱の上に立つ。足を踏み外さないよう注意が必要だ。最後に、柱からジャンプして、少し離れたところにあるベルを鳴らす。ところが、ずっと安全ロープにつながれているのに、ほとんどの人はものすごく怖がる。

こういう大胆な訓練に参加することは、人によってさまざまな問題を引き起こす可能性がある。最もありがちなのが高所恐怖症だが、プラスの面もある。恐怖のためにできずに後悔していることを比喩の形で理解するきっかけになるからだ。この場合、

「どん底から頂点を目指して這い上がる」「限界を超えるためにもっと努力する」「飛躍するために思い切って挑戦する」といったことである。

参加者はこの訓練によって、これらの比喩の意味を体得し、自分が抱いている過去の後悔について反省する。

ちなみに、ティムの役割は人びとが安全地帯を抜け出すのを手伝うことだが、自分も過去の後悔と向き合うために同様の訓練を行なっている。

「年に一回は恐怖を体験し乗り越えるように心がけている」と彼は正直に言う。「去年はカヌーで急流下りをし、一昨年はスカイダイビングとロッククライミングに挑戦した。さらにその前は熱気球に乗って空を飛び、スキューバダイビングをして深海を探検し、ハングライダーで大空を舞った」

さらに、「今年は大勢の人の前で話すことに挑戦するつもりだが、これは今までいちばん恐怖を感じる挑戦だ」と本音を語っている。

安全地帯からの脱出に挑戦することは、自分をよく知って過去の後悔を乗り越える機会になる。心の中で抱いている恐怖に立ち向かうことは、訓練でも実際の人生でも行動の変化につながることを認識しよう。自分をおびやかす心の中の悪魔と向き合い、自分がどう対応するかを見極めよう。あなたは自分についてどんな気づきを得るだろうか。その経験から何を学ぶことができるだろうか。

↑ 安全地帯から抜け出して、自分の新しい一面を見よう。

自分自身に問いかけてみよう

- 安全地帯から抜け出さなければならない状況とは何か？
- その状況でどんな恐怖と向き合うことになるか？

22 障害を乗り越える

人生は障害物走に似ている。目標に向かって前進しようとすると、行く手に必ず障害が立ちふさがるからだ。たとえて言うなら、越えられそうにない大きな壁、減速せざるを得ない路上の隆起、迂回を余儀なくさせる道路工事などだ。

そのような**障害に直面するたびに、目標を見失わずにそれを乗り越える最善の方法を見つけなければならない。**障害をうまく乗り越えられないなら、確実に後悔することになる。そのために失うものが大きい場合はとくにそうだ。

大学院の最後のハードルを越えようとしているときの私がそうだった。百ページの論文を作成して教授陣の前で発表しなければならないのだ。

この課題は完成までに少なくとも一年を要するが、私は卒業までに仕上げるために三カ月でそれをする必要があった。もしできなければ、卒業を一年延期して一年分の学費を余計に払うことになる。さらに具合の悪いことに、卒業見込みという前提で就職が内定していたのだが、三カ月で課題を仕上げなければ、卒業も就職もできずに後悔することになる。

最大の障害は時間だった。三カ月で課題をやり遂げる計画を指導教授に説明すると、「無理だ」という答えが返ってきた。その瞬間、支援してくれるはずの指導教授が、私の行く手に立ちふさがっているように思えた。

私は障害を乗り越えようとして、三カ月間、課題を仕上げるために必死で努力し、指導教授には計画どおり順調に進んでいることを週に一度のペースで知らせた。そして締め切り日にようやく課題を仕上げ、審査会で発表する準備が整った。

当日、クラスメートたちと数人の親友が来てくれただけでなく、五千キロも離れた実家から私を支援するために駆けつけてくれた両親の姿もあった。

ところが審査会の直前、委員長が私を呼んで、「親族の入室は禁止されている」と言った。理由を尋ねると、「明確な規定はないが、慣例として親族は出席できない」という答えが返ってきた。

残る障害は発表だけだと思っていたのに、別の障害が現れたのだ。とっさに抗議しかけたが、審査に悪影響を及ぼすと後悔することになると判断して思いとどまった。

私は発表に全力を注いで障害を乗り越えることにした。部屋から閉め出された両親が壁の向こうで応援してくれていると思うと、「何としてでも頑張るぞ」という気迫が全身にみなぎった。

それから二時間、私は発表を行ない、延々と続く教授陣の質問に当意即妙に答えた。それが終わると教授陣は慎重に審議し、ようやく委員長が合格を告げた。

感動の瞬間だった。目標の達成に立ちはだかっていた障害をすべて乗り越えることができたのだ。満面の笑みを浮かべている写真は、今もまだ手元にある。

私たちは人生でさまざまな障害に直面するが、いつもそれを簡単に乗り越えられるとはかぎらない。**障害は、決意と忍耐と意志の力の試金石である。**

仕事、学業、プライベートのどれであっても、自分が設定した目標を成し遂げるために、どんな障害でも乗り越える不屈の精神を持とう。懐疑的な見方をする人が現れても、それが間違いであることを行動で証明しよう。慎重に戦略を練り、粘り強く努力を積み重ね、挫折してもすぐに立ち上がろう。

試練に直面しても、
障害を乗り越えて目標を達成することに全力を尽くそう。

自分自身に
問いかけて
みよう

●大きな目標に立ちはだかっている障害は何か?
●それを乗り越える方法は何か?

23 視野を広げる

現代は地球規模で人びとがつながる時代である。「世の中は狭い」という格言は、これまで以上に真実味を増している。

政治、経済、環境、技術、軍事のどの分野であれ、世界のどこかで起こっていることは、私たちの生活に即座に影響を与える。しかも、その傾向は強まる一方だ。

しかし、国際社会という認識が定着しているにもかかわらず、私たちが外国の人びとや習慣、生活様式を見る目は、残念ながらまだまだ閉鎖的だ。

たとえば、ほとんどの人は文化的多様性を歓迎すると言っておきながら、外国の文化を深く理解しているわけではない。私たちはいまだに近視眼的で、自分を小さな枠の中に閉じ込めたままになっているのが現状だ。そしてそのために偏見や先入観にとらわれてしまい、後悔の原因になる恐れがある。

機は熟した。地球市民として視野を広げ、文化的多様性に深い理解を示す時期が来たのだ。それは旅行や留学を通じてでもできるが、**自分が今いる場所で率先して多様な文化への理解を深めることもできる。**

私の友人のジョーとスーザンは、異なる文化的背景を持つ仲間とお互いの伝統と祝日を祝っている。それには相手の宗教について学んで、崇拝の場所を訪れることも含まれる。

ある時、彼らは「持ち寄り国際パーティー」を開き、すべての参加者が自国の伝統料理を持参し交換することにした。そして、その料理の横に自分たちの文化に関する興味深い事実を書いたメモを並べた。パーティーが終わるころには、二十以上の異文化との交流を通じて全員が新しいことを学んだ。

持ち寄り国際パーティーは大盛況で、参加者一人ひとりが月に一回持ち回りで開催し、テーマを選んで継続していくことで合意した。その結果、参加者はわずか一年で、インド、韓国、ブラジル、スウェーデン、アラブ諸国、ガーナ、クロアチア、モロッコ、ベルギー、ジャマイカ、バングラデシュ、シンガポールという十二の国と地域の民族料理を味わうことができた。さらに、民話や民謡、民族舞踊などの伝統文化についても学んだ。

国際交流は大きな成果をもたらす。無知を克服し、教養を深め、お互いの相違点を理解し、友情をはぐくみ、文化的多様性を共有できるからだ。これは大人にも子どもにも有意義な取り組みである。

目を閉じたまま狭い世間の中で暮らしてはいけない。**偏見や先入観を捨てて、国際交流を通じて異文化を肌で感じとり、閉鎖的な意識を克服して後悔を未然に防ごう。**

文化的な違いを認識するには視点を変えさえすればいい。積極的に視野を広げて、人類の豊かな多様性を体験しよう。

↑ 旺盛な好奇心を持ち、世界観を広げよう。

自分自身に問いかけてみよう

●文化的な視野を広げるにはどうすればいいか?

●異文化についてもっと学ぶために何をすればいいか?

24 メンターに学ぶ

人生には取扱説明書がない。経済的成功、幸せな結婚生活、豊かな社交性、深い満足感を手に入れるためのガイドブックもカスタマーサービスもない。それだけに、人生の方向性が明確でなければ、すぐに道に迷い、挫折し、失望し、目標を見失って、いずれ後悔することになる。

人生で後悔しないためには、思いつきでやって試行錯誤を繰り返すよりもメンターに学ぶほうがいい。メンターとは、知識と経験が豊富で信頼できる人のことだ。

メンターは知識を提供し、スキルの開発を手伝い、学習速度を加速し、人生で出くわすさまざまな問題の対処法を教えてくれる。自分の人生で得た教訓を共有し、どうやって今いるところまでたどり着いたかを具体的に説明してくれる。人脈のつくり方と新しい扉の開け方を教えてくれる。モチベーションを高めて新しいものの見方を示してくれる。

要するに、**メンターは後悔しない生き方を教えてくれる存在**なのだ。

私の素晴らしいメンターは、ベストセラー作家のケン・ブランチャードだ。出会ったのは、私がまだ若いころである。大学時代に『1分間マネジャー』という本の原則について講演しているビデオを見て、四年生のときに彼の会社のパートタイマーに採用され、時給四ドルで働くことになった。しかし、彼から学んだことは、お金に換算できないくらい大きかった。

私が教わったことを列挙しよう。

すべての人の潜在能力を見抜くこと。将来に対する明確なビジョンを持つこと。他人がうまくできなかったことを非難するのではなく、うまくできたことを称賛すること。人生の小さな勝利を祝福すること。謙虚さとは自分を過小評価することではなく、自己中心的な態度を改めるという意味であること。

さらに、私を重役会議に招いて同じテーブルに着かせ、学習する機会を与えてくれた。パートタイマーとして傍聴させるのではなく、チームの一員として会議に積極的に参加するよう取り計らってくれた。他の出席者たちの半分くらいの年齢で、会社のことをほとんど理解していないにもかかわらず、会議の場で重役たちに受け入れてもらう手はずを整えてくれた。

私はその経験を通じて、肩書や実績に関係なく、一人ひとりが尊敬されていると感じる雰囲気をつくることの重要性を理解した。

私は素晴らしいメンターに出会ったことで、仕事でもプライベートでも自分の進むべき道がわかった。もし彼の指導がなかったなら、このまま自分の進むべき道を見つけられずに後悔していただろう。

では、どうやってメンターを見つけ、どこから始めればいいのか。

答えは簡単。**いろいろなことを学べそうな人を見つけ、指導してくれるように頼む**のである。言い換えると、はっきりと自分の意思を伝えて人生の目的を実現するのを手伝ってもらうのだ。ほんの数秒でこんなふうに言えばいい。

「仕事と人生で成し遂げておられることに感銘を受けました。多くのことを学ばせていただければ幸いです。時おり電話かメールを差し上げてお知恵を拝借し、ご指導を賜りたいのですが、ご都合はいかがでしょうか？」

それを聞いて相手は憤慨するだろうか。とんでもない。ほとんどの人はあなたの要望を知って光栄に思い、喜んでアドバイスをしてくれるはずだ。そのためには、誠意を尽くして頼みさえすればいい。

自分から率先してメンターの指導を受けよう。あなたを助けてくれる人を見つけ、その人の考え方や行動パターンを知ろう。その人が学んだことを共有させてもらおう。

自分より先に成功した人に指導してもらい、後悔しない生き方を学ぼう。

自分自身に問いかけてみよう

●どの分野で指導してもらえば、恩恵を得ることができるか?
●その役割を果たしてもらうために、誰に頼めばいいか?

第5章　良心にしたがう

25 つねに心を開いておく

私たち夫婦が結婚する三週間ほど前、妻の祖父が動脈瘤で亡くなった。その一カ月前には結婚式用にあつらえたタキシードの写真を送ってきてくれたのだが、残念ながら本人はそれを一度も着る機会がなかった。

フィルおじいさん――私たちはそう呼んでいた――は大勢の人びとから敬愛された人格者で、ニューヨーク北部の小さな町では名の知れた医師だった。写真が大好きで、腕はプロ級である。テディベアのような風貌で、たいへん優しくて善良な人だった。

葬儀の前日、夫婦で遺品の整理をしながら、保管する品物と寄贈する品物に振り分けた。大きな屋敷に住んでいたので分担を決めて、私は地下室を担当した。

不用品の山をかき分けながら奥まで行くと、古いトランクが見つかった。ほこりをかぶっていたから、ずっと手を触れていなかったのだろう。開けると中にファイルがたくさん入っていて、中身がすぐわかるようにどのラベルにも短い説明が書かれていた。大半は何年も前から撮って集めていた家族と孫の写真だ。

気になったのはその中のひとつのファイルで、ラベルには「一九三四年」とだけ書かれていた。中には古くて変色した新聞の切り抜きがあった。私は興味を抱いて記事に目を通した。

若い男性が両親から訴訟を起こされたという内容だ。一九二〇年代後半、その男性は医学を学ぶためにイギリスのエジンバラに留学していた。当時、アメリカの多くの大学の医学部はユダヤ系の学生を受け入れなかったからだ。

両親は留学中の息子の経済援助を喜んで行なったが、在学中に親しくなった現地の非ユダヤ人の女性と結婚するという話を聞いて、急に態度を変えた。息子を勘当して、自分たちが支払った医学部の学費の全額返済を要求する訴訟を起こしたのだ。

さらに、息子の結婚後、両親は息子を死んだものとみなして葬式を挙げたのである。

最終的に、男性は長期にわたる裁判で勝訴したが、両親は息子とは二度と口を利こうとしなかった。

その後、彼と妻は、隣町に暮らす彼の両親と親族から永久に縁を切られた。やがて生まれた子どもと、さらにその子どもも同じ扱いを受けたという。

記事を読み返して、その男性がほかならぬフィルおじいさんであることに気づいた。両親が息子を勘当し、孫とひ孫に会わなかったことを後悔したのではないかと思うと、私は大きな衝撃を受けた。

また、フィルおじいさん一家がそういう孤立した状況の中で暮らさなければならなかったことをたいへん気の毒に思った。結局、それは親族全員にとって後悔の原因になったに違いない。


人びとは外見が違うだけでなく、考え方や行動規範、思想、信条、さらに宗教も違っていることがある。しかしだからといって、その人たちが自分より劣っているわけではなく、また自分がその人たちより優れているわけでもない。

たんに違っているというだけで人を拒絶するとき、私たちは相手の尊厳を否定し、自分の人格的な欠陥を露わにする。さらに、相手の素晴らしさを知る機会を失うことにもなる。

その結果、別の接し方をしていれば、展開が違っていたのではないかという思いにさいなまれ、後悔の原因になりやすい。

しかし、その後悔は、つねに心を開いた状態にしておけば避けることができるのだ。

相手に対する偏見や先入観を払いのける習慣を身につけよう。疑わしいときは相手に有利な解釈をし、お互いの違いを広い心で受け入れよう。自分がもし相手の立場だったらどうしてほしいかを考え、そういう接し方をしよう。

自分がつねに心を開いていれば、人びとは素晴らしいことをして喜ばせてくれるに違いない。

お互いの違いを乗り越えて
人びとを受け入れる習慣を身につけよう。

自分自身に
問いかけて
みよう

●誰かを先入観や思い込みで判断して、あとで後悔した経験は何か?
●人びとが自分らしさを発揮する機会を与えるにはどうすればいいか?

26 人を無条件に愛する

この場合の「無条件に」とは「無制限に」という意味である。しかし、より完全な定義は「無制限に、しかも後悔せずに」だろう。

誰かを無条件に愛するなら、たとえ欠点に気づいても、それをとがめたりはしない。イライラし、がっかりし、忍耐力を試され、腹立たしいことがあっても、その人を愛していることを後悔しない。**その人をあるがままに受け入れるという選択をし、その結果として生じるかもしれない不満を受け止める覚悟ができているからだ。**

それは条件付きの愛とは異なる。条件付きの愛の場合、相手が一定の条件に沿わなければ、その人を愛したことを後悔し、最終的に関係を断ち切ることさえもある。

私が無条件に愛しているのはビリーという青年だ。一九九一年に非行少年の更生計画の支援を始めたとき、彼は十歳になったばかりで、母親と姉と一緒に生活保護を受けていた。

黒人の少年にとって犯罪多発地区での暮らしはたいへん困難で、暴力沙汰になることもよくあった。周囲からは「ギャングに入れ」というプレッシャーがかかっていたようだが、一緒にいるときはそういう素振りは見せなかった。

私はどんなことがあってもビリーを弟のように思って支援し、彼を無条件で愛する決意をしていた。ところが、そのために何度も試練に立たされた。学生時代には不良少年で世間に迷惑をかけ、社会人になってからは仕事のトラブルやずさんな金銭管理などの問題が発生したからだ。

私はそのたびに「どんなときでも力になる」と言ったが、本人は成長の過程でたびたび失望を経験して自尊心を保てず、私の愛情を信じられなかったようだ。

しばらくしてビリーから電話があり、どん底に陥ったような話し方をした。「自分を含めてすべての人を裏切った」と言うのだ。さらに、「仕事もお金も住む場所もない」と打ち明けた。私たち夫婦は「それならわが家に来ればいい。いたいだけいればいいから」と言った。

その後、一年近くビリーはわが家で生活し、人生を立て直す努力をした。私たち夫婦は彼を絶えず励まし、よい時も悪い時も全面的に支援することを約束した。

ある日、私たち夫婦が子どもたちと外出先から帰宅すると、ビリーの部屋のドアの前に荷造りをすませたスーツケースが置いてあった。

部屋の中をのぞくと、ビリーは両手で頭を抱えてソファにうずくまっていた。少しなだめると顔を上げたが、言葉を発することができなかった。そして無言のままゆっくり立ち上がり、それまで座っていた場所を指さした。そこを見ると、ソファのクッションに大きな焼け跡が残っていた。

事情を聴くと、「仕事に遅刻しそうだったのであわてて出かけて、アイロンのスイッチを切るのを忘れてしまった。こんなに信頼してくれていたのに裏切ってしまって申し訳ない」と涙まじりに答えた。

私はそれを聞いてあきれた。こんなことで家を追い出されると本気で思ったのだろうか。

私はビリーを抱きしめ、「君のことを無条件に愛すると言っただろう。本気でそう言ったんだよ。それについて後悔することはない。ソファを台無しにしたからって、君を見放すはずがないじゃないか」と言った。

ビリーはそれを聞いてぎこちない笑みを浮かべ、私と一緒にスーツケースの荷を降ろした。

たとえ失望や裏切りを経験しても、**人を無条件に愛するためには、寛容、忍耐、献身、受容が必要になる。もちろん、一方的に利用されてはいけないので、お互いに相手を信頼して尊敬することが重要だ。**

現在の人間関係や過去の人間関係について少し考え、それらが無条件の愛という定義にどれだけあてはまるかを検証しよう。友人や恋人、上司、同僚、兄弟姉妹、親、子ども、肉親など、後悔を交えずに相手との人間関係を表現できるだろうか。

無条件の愛を貫けるかどうかは、相手を非難したくなる衝動を抑え、あるがままに受け入れられるかどうかということだ。それができるようになれば、相手との関係が後悔の原因になることはない。

人を無条件に愛そう。そうすれば、後悔することなく人を愛することの素晴らしさを経験することができる。

大切な人を無条件に愛して、愛にあふれた人生を送ろう。

自分自身に問いかけてみよう

●あなたにとって、無条件に愛することが困難な相手は誰か？
●その人への愛が条件付きになっている理由は何か？

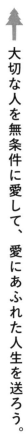

27

やり直しの機会を与える

私はゴルフがうまくない。実際、どこにボールが飛ぶかわからないから、周囲の人は警戒が必要だ。そんなわけで、真剣にゴルフをする人とプレーするのは控えている。

しかし、このスポーツには興味をそそる部分が多々ある。そのひとつが「マリガン」と呼ばれるものだ。ゴルフをしない人でも、このルールは容易に理解できる。

マリガンとは、非公式のゲームで最初のショットをミスしたときに打ち直すことだ。つまり、失敗した人にやり直しの機会を与えることである。

マリガンは日常生活と多くの類似点がある。他人の気持ちを傷つけたとき、謝罪して関係修復を図る。他人をがっかりさせたとき、反省して信頼回復に努める。他人の期待に応えられなかったとき、気分を入れ替えて再挑戦する。逆に、誰かが道に迷い、間違いを犯し、期待に沿わなかったときにやり直す機会を与えることでもある。

最近、プロゴルファーのウォーリー・アームストロングと話をした。『やり直しの寓話』という本で、人生をゴルフに見立てた物語を書いた人物である。

この本の哲学を説明してくれたとき、私は「それはわかるのですが、どんな人でもやり直しの機会を与えられるべきでしょうか？」と尋ねた。

「はい、そう思います」とウォーリーは答えた。「たしかに、それが困難な状況があることは承知しています。誰もが良識を持って行動するとはかぎりませんからね」

「どうしても許せない行為もあるということですか？」と私は問い続けた。

「いいえ、そういうわけではありません」とウォーリーは答えた。

「人はみな間違いを犯しますが、自分の間違いに気づけば、次からは正しいことができるはずです。私は相手にやり直しの機会を与えることに賛成です。**本当の許しとは、相手にやり直しの機会を与えることで、それは私たちの心の中にある思いやりの気持ちだ**と思います」

私は彼の言葉に強い衝撃を受けて、自分の姿勢を反省した。

誰かに裏切られたとき、その人にやり直しの機会を与えるだけの度量を持っていただろうか。相手を恨むことなく水に流して前進を続けただろうか。

私は数年前を振り返り、どうしても許せなかったために親友との関係が途絶えたことを思い出した。しかし、歳月が流れるうちに、親友へのわだかまりが解けていないことを心の中で後悔するようになった。

私は思い切って彼に電話をした。最初は不自然な会話だったが、まもなく二人とも打ち解け、笑いながら当時を回想して近況を話し合った。その中で、関係が途絶える原因になった状況について話をした。

友人にやり直しの機会を与えることで、過去を水に流して前進することができた。いったん相手を許すと、後悔が薄らいだだけでなく、友情を再構築するきっかけをつくることができた。

やり直しの機会は、あなたが相手に与えることができる最高の贈り物のひとつである。人はみな間違いを犯すが、やり直しの機会を与えることで相手を許しているというメッセージを伝えることができる。状況を放置しておけば後悔するかもしれないが、やり直しの機会を与えれば状況を打開することができる。ひるがえって、自分が間違いを犯したときは、やり直しの機会を与えてほしいものだ。

それだけではない。**私たちは自分にもやり直しの機会を与えるべきである。**必要以上に自分を厳しく責め立てているときはとくにそうだ。最初は間違いを犯すかもしれないが、やり直すことによって間違いを正すことができる。

他人にも自分にもやり直しの機会を与えて、充実した人生を送ろう。

自分自身に問いかけてみよう

●誰かにやり直しの機会を与えたのはいつか？
●誰かにやり直しの機会を与えてもらったのはいつか？

28 正しいことをする

数年前、生き方に関するセミナーに参加したとき、講師が「良心にしたがって決定をくだせば、人生の質が高まります」と言った。セミナーのあとで「それは具体的にどういう意味ですか？」と質問したところ、こんな答えが返ってきた。

「**人生でどういう行動を選ぶか迷ったら、正しいことをするということです。**正しいことというのは主観的判断ですが、究極的には、良心にしたがうかどうかがカギになります」

つまり、この場合の「正しいこと」とは、「後悔しない選択」と言い換えることができる。

このテーマについて私の考えを深めてくれたのは、マットとニコルのベナク夫妻である。

彼らは、一男一女が生まれたあと、エチオピアの赤ちゃんを養女として引き取ることにした。周囲の人にしてみると、まだ子どもを産むことができるのに、なぜ養子縁組をしたのか理解できなかった。

しかし、彼らは自分たちにとっても、この赤ちゃんにとっても、正しいことをしているという確信を持っていた。

「この子を家族の一員にすることができてよかったと思います」とマットは言った。「アフリカやその他の地域に数百万人の孤児がいることを考えると、たった一人の孤児を引き取るという決断は簡単でした」

「家族を必要としている孤児がこんなに多い中で、私たち夫婦が子どもをさらに産むことは、後悔につながる選択肢だと感じたのです」とニコルは付け加えた。「私たちが孤児を引き取ったのは、それが正しいことであり、みんなにとってプラスになる決定だと思ったからです。つまり、私たちは家族を増やせますし、孤児は家庭の中で愛する家族に大切にしてもらえるということです」

一年後、マットとニコルはさらにもう一人の子どもを引き取ることにした。今度はエチオピアの五歳の男の子である。

ベナク夫妻は、良心にしたがって決定をくだすという方針にもとづいて正しいことをするお手本である。彼らは自分たちの決定を後悔しないだろう。

正しいことをするというのは、人生のあらゆる分野で自分の決定に責任を持つということである。どの選択肢に決定すべきか迷ったら良心にしたがうべきだ。

自分の決定に誇りを持ち、その決定にもとづいて行動しよう。

自分の行動を後悔しないために、
つねに良心にしたがって決定をくだそう。

自分自身に
問いかけて
みよう

●正しいことをするのが簡単な決定ではなかったときの実例は何か？
●その決定が難しかった理由は何か？

相手を思いやる

最初の子どもが生まれる前、私たち夫婦は犬を飼うことに決めた。その話をして数週間後、私は地元の野犬保護施設によって救出された生後七週間のボーダーコリーのメスの子犬を連れて帰って妻を驚かせた。

十三頭の中で最も小さいことからスタッフは「ラントレー（おちびちゃん）」と名づけたが、毛並がくしゃくしゃで可愛らしいことから私たちは「スクラフィー（くしゃくしゃ）」と名づけた。

私たちはすぐにその犬を飼うことにしたが、いざ飼ってみると予想外の事態に直面する日々が続いた。キッチンの床を舐めまわし、床板を引きちぎり、ソファをずたずたにし、玄関で食い散らかすだけではない。カーペットの上でおしっこをし、家の中に入れてベッドで一緒に寝させないと犬小屋の中で一晩中吠え続けるのだ。

私たちはひどく失望し、犬を飼ったことを後悔した。

ある日、スクラフィーが裏庭の花を引き抜いた。その晩、私たち夫婦はこの子犬の処分をめぐって真剣に話し合った。

「保護施設に戻すべきだと思う」と私が言うと、妻は「もっと世話をしてくれる家族に引き取ってもらったほうがいいわ」と言った。

しかし、そう口走ったとき、私たちはすぐに罪悪感に襲われて恥ずかしくなった。

よく考えてみると、スクラフィーは子犬らしい振る舞いをしただけなのだ。そんなに憎むようなことではない。飼い主の愛情を求めているのに、私たちはそれがわからず、子犬を邪魔者扱いしていたのだ。そして、**自分たちの都合ばかり優先していることが情けなくなり、それがこの件について後悔している原因であることに気づいた。**

結局、自分たちのことは後回しにして、子犬の世話に力を注ぐという結論にたどり着いた。しつけ教室に連れて行き、家の中での振る舞い方を教えた。よりひんぱんに散歩に連れて行き、犬用のベッドを買って夫婦の部屋の中に設置した。

それ以来、犬を飼うという決定をくだしたことについて後悔しなくなった。辛抱強く接することによって、私たちは十四年間、スクラフィーを愛し慈しむことができた。最後に病気になって寝たきりになったのが、私の人生で最も悲しい思い出のひとつである。スクラフィーを抱きかかえて息を引きとるのを看取ったときのことは永久に忘れないだろう。

自分のことを優先するのをやめて、相手を理解し思いやるように努めよう。これはペットの世話だけではなく、子育てや対人関係、チームプレー、組織での働き方、友達付き合いにもあてはまる。

自分のことばかり考えて後悔するのを防ぐために、相手の利益や立場を重んじよう。**自分のことよりも相手のことに視点を移そう。**だからといって自分を軽んじていることにはならない。ただ、自分のことばかり考える傾向を少なくするということである。

自分のことばかり考えず、相手の利益や立場を大切にしよう。

自分自身に問いかけてみよう

●自分の生活の中で、誰のためなら尽くしたいと思うか？
●それをするにはどうすればいいか？

30 世の中をよりよくする

新聞やテレビの報道をいつ見ても、戦争、破壊、事故、虐待、犯罪、悲劇、醜聞であふれている。こんな殺伐とした世の中で、素晴らしいことをした人のニュースを見聞きすることは一服の清涼剤となる。

たとえば、世間に模範を示した人、地域に貢献した人、大切な時間やお金を捧げた人、親切な行為をした人、人命を救助した人がそうだ。

私たちはこれらの人たちのニュースに感動し、元気をもらい、勇気を出す。こんな時代でも、人間の精神は逆境を克服できると思うと希望がわいてくる。

さらに、世の中をよりよい場所にするために自分の役割を果たすことによって、私たち一人ひとりが社会に貢献できることを思い起こさせてくれる。

デイブとフロレンスのワグナー夫妻は、まさにそういう人たちだ。彼らは世界中の貧しい国々を訪問して奉仕活動を行ない、人びとがよりよい生活を送れるよう尽力している。

二十代のとき、アメリカの平和部隊に参加し、東南アジアや東ヨーロッパ、アフリカの発展途上国で起業を奨励し、エイズについて教育してきた。子育てを終え、自ら立ち上げた事業に成功してからも、デイブとフロレンス——現在、二人とも六十代である——は、困っている人たちを支援するために遠く離れた村を訪れている。

夫妻にとって、世の中をよりよい場所にすることはライフワークであり、自らの存在意義の証しなのだ。彼らは報酬や称賛を求めず、肉体的に可能なかぎり、ずっと活動を続けるつもりでいる。

もしそれをしないなら、後悔することになると考えているのだ。

世の中をよくすることは、善意の力を発揮することである。我欲の塊になることではなく、相手に与えることである。見返りを求めずに、人びとの心に明かりをともすことである。それは善行を施すことであり、人間として最も尊いことなのだ。

あなたはどれくらい善意の力を発揮しているだろうか。人びとの生活をよりよくしているか。ポジティブな活動を支援しているか。環境を保護する運動に協力しているか。困っている人たちに手を差し伸べているか。

世の中をよりよくするのは、複雑で時間のかかる作業ではない。たとえば、傷ついている友人を助ける、自分の生活で余っている物資を慈善事業に寄付する、孤独な高齢者を慰問する、見知らぬ人に親切にする、リサイクル運動に協力する、人びとに愛を伝える、といったことでいい。

そうした簡単なことから始めていけば、その分だけ世の中がよりよくなる。それをすることで後悔することはけっしてない。

欲を捨てて、世の中のためになることをしよう。

自分自身に
問いかけて
みよう

●世の中をよりよくするために、自分がすでにしていることは何か？
●それをさらに推進するにはどうすればいいか？

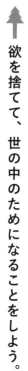

おわりに

後悔とは、すべきではなかったことをしたという思いと、すべきことをしなかったという思いのことだ。どちらの場合も未練がずっと残り、罪悪感と失望感にさいなまれる。

後ろを振り返って「これをしておけばよかった」「あれをしなければよかった」と思うのは、実に不幸なことだ。そんなふうに後悔しながら人生を送りたいと思っている人は一人もいないだろう。

この本で紹介した三十項目は、

1　自分の思いに素直になる
2　一日一日を大切に生きる
3　現状を打ち破る
4　困難に挑戦する
5　良心にしたがう

この五つのカテゴリーのどれかに該当する。

どのメッセージも私の人生で役に立ったものばかりである。おそらく、あなたの人生でもお役に立つことだろう。

たったひとつのアイデアやストーリーが、後悔しない人生を送るきっかけになる可能性があることを知っておいてほしい。

では、今後の5つのステップを紹介しよう。

①重要な決定をくだすときは、つねに次のふたつの質問を自分に投げかける。
●もしそれをすれば（または、しなければ）、後悔することになるか？
●もしそれをすれば（または、しなければ）、後悔を避けることができるか？

②後悔しない生き方の具体的な計画を立てて実践する。

③後悔しない生き方について信頼できる人に尋ねる。その人の努力や成功について学び、自分の生き方に取り入れよう。

④後悔しない生き方を周囲の人に勧める。お互いに励まし合いながら、充実した人生を送ろう。

⑤読書会に参加し、この本を課題図書にして参加者たちと話し合う。今後の人生の指針にするとしたら、具体的にどういう点かを明らかにしよう。

後悔しない生き方を実践すれば、仕事と人間関係を含め人生全般をより豊かで有意義なものにすることができる。

後悔しない生き方を日々の目標にすれば、すぐに人生が好転することに気づくだろう。

マーク・マチニック

謝辞

次の素晴らしい人たちに本書を捧げる。

妻のキム。伴侶として二十年以上も後悔しない生き方を一緒に実践してくれた。心の支えであり、無二の親友である。

最愛の子、娘のジェシカと息子のブレイク。人生で最も大切なことを思い出させてくれる、かけがえのない存在だ。私の誇りであり、喜びである。

親友の故ゲーリー・ゴットリーブ。周囲のすべての人の心に明かりをともしてくれた。君を亡くしたことをとても残念に思う。君のことはいつまでも忘れない。

ディスカヴァー携書 228

後悔しない生き方
人生をより豊かで有意義なものにする30の方法

発行日　2021年 5 月30日　第 1 刷
　　　　2021年11月15日　第 6 刷

Author　マーク・マチニック
Translator　弓場　隆
Book Designer　石間　淳

Publication　株式会社ディスカヴァー・トゥエンティワン
〒102-0093　東京都千代田区平河町2-16-1 平河町森タワー11F
TEL　03-3237-8321（代表）　03-3237-8345（営業）
FAX　03-3237-8323
https://d21.co.jp/

Publisher　谷口奈緒美
Editor　藤田浩芳　大山聡子　橋本莉奈

Store Sales Company
安永智洋　伊東佑真　榊原僚　佐藤昌幸　古矢薫　青木翔平　青木涼馬
井筒浩　小田木もも　越智佳南子　小山怜那　川本寛子　佐竹祐哉　佐藤淳基
佐々木玲奈　副島杏南　高橋雛乃　滝口景太郎　竹内大貴　辰巳佳衣　津野主揮
野村美空　羽地夕夏　廣内悠理　松ノ下直輝　宮田有利子　山中麻吏　井澤徳子
石橋佐知子　伊藤香　伊藤由美　葛目美枝子　鈴木洋子　畑野衣見　藤井かおり
藤井多穂子　町田加奈子

EPublishing Company
三輪真也　小田孝文　飯田智樹　川島理　中島俊平　松原史与志　磯部隆
大崎双葉　岡本雄太郎　越野志絵良　斎藤悠人　庄司知世　中西花　西川なつか
野﨑竜海　野中保奈美　三角真穂　八木眸　高原未来子　中澤泰宏　俵敬子

Product Company
大山聡子　大竹朝子　小関勝則　千葉正幸　原典宏　藤田浩芳　榎本明日香　倉田華
志摩麻衣　谷中卓　橋本莉奈　牧野類　三谷祐一　元木優子　安永姫菜　渡辺基志
安達正　小石亜季

Business Solution Company
蛯原昇　早水真吾　志摩晃司　野村美紀　林秀樹　南健一　村尾純司

Corporate Design Group
森谷真一　大星多聞　堀部直人　村松伸哉　井上竜之介　王廳　奥田千晶
佐藤サラ圭　杉田彰子　田中亜紀　福永友紀　山田諭志　池田望　石光まゆ子
齋藤朋子　竹村あゆみ　福田章平　丸山香織　宮崎陽子　阿知波淳平
伊藤花笑　岩城萌花　岩淵瞭　内堀瑞穂　遠藤文香　王玮祎　大野真里菜
大場美範　小田日和　金子瑞実　河北美汐　吉川由莉　菊地美恵　工藤奈津子
黒野有花　小林雅治　坂上めぐみ　佐瀬遥香　鈴木あさひ　関紗也乃
高田彩菜　瀧山響子　田澤愛実　田中真悠　田山礼真　玉井里奈　鶴岡蒼也
道玄萌　富永啓　中島魁星　永田健太　夏山千穂　平池輝　日吉理咲　星明里
峯岸美有　森脇隆登

Proofreader　文字工房燦光
DTP　株式会社ＲＵＨＩＡ
Printing　共同印刷株式会社

ISBN978-4-7993-2741-8

携書ロゴ：長坂勇司
携書フォーマット：石間　淳